中国経済の真実

―上海万博後の七つの不安―

沈《シン》 才《サイ》彬《ヒン》

多摩大学教授
元三井物産戦略研究所中国経済センター長

Art Days

中国経済の真実―上海万博後の七つの不安―**目次**

はじめに——なぜいま中国なのか？　11

1章　金融危機で中国経済も大きなダメージ　17

中国経済は水半分のガラスのコップ　18
株式バブルは崩壊した　20
外貨準備高の巨大評価損も発生　23
実体経済への打撃が大きい　24
なぜ対米輸出は相対的に悪くないのか？　26
不動産バブルもはじけた　28
「知らないところに手を出すな」—中国金融機関一人勝ちの背景—　30
投資も消費も落ちてはいない　33
最大の懸念材料は雇用　34
「失業者」になれない失業者たち　37

2章 「政変」に弱く、外部危機に強い中国――中国経済の強みと弱点 41

「政変」に弱い中国 42

外部危機に強い中国 46

アジア通貨危機で朱鎔基首相が取った対策 51

一日で180度の政策転換ができる凄さ 53

「危機」を「好機」に変える中国の躍進ぶりが目立つ 55

奥が深い中国経済――「海洋国家」と「大陸国家」の二つの性格 59

問題視される中国のGDP統計 62

大型景気対策の効果 66

3章 現地レポート――活気が戻る株式・車・不動産三市場 71

甦った落ち着きと期待感 72

主要国中最大の上昇率を記録した株式市場 73

バブル再燃に要注意 75

活気溢れる自動車市場 77

中国自動車減税の最大の受益国は日本 79

日産は大躍進、マッダは「日中逆転」　80
明暗を分けた上海GMとGM本体　82
車の普及率は米国80%、日本60%、中国5%　84
不動産価格もプラスに転じる　85
過剰流動性のリスクは要警戒　87

4章　経済成長が永続しない10の実例――主要国の経済沈没はこうして起こった　91

ある大手企業からの調査・研究依頼　92
三つの予測が的中した『中国沈没』　93
『中国沈没』と『日本沈没』　94
『日本沈没』発表の翌年、日本経済が沈没した　97
過去のケースから中国沈没の可能性を探る　100
①「文化大革命」――権力闘争による中国沈没　②石油ショックによる日本沈没
③ベトナム戦争によるアメリカ経済の沈没　④「格差」「腐敗」「失業」が経済沈没を惹起する「ラ米現象」　⑤「天安門事件」による中国沈没再び　⑥バブル崩壊

による日本沈没再び　⑦国家崩壊による旧ソ連・ロシアの沈没　⑧アジア通貨危機によるＡＳＥＡＮ諸国の沈没　⑨ＩＴバブル崩壊によるアメリカ沈没再び　⑩金融危機によるアメリカの３度目の沈没

5章　上海万博後の中国経済、七つの不安　137

上海万博後の中国経済、七つの不安　138
「和諧社会」を空中分解させかねない格差問題　140
貧困層が中間層に変身する「格差パワー」も見逃すな　144
20年前に「天安門事件」を誘発した腐敗問題　146
腐敗幹部の「若返り現象」　148
なぜ汚職スキャンダルは後を絶たないのか？　150
中央政府を震撼させた四川省農民暴動　152
なぜチベットと新疆ウィグルで暴動が起きたか？　157
二〇一三年の政権交代がスムーズに行われるか？　160
ポスト胡錦濤の最有力候補は習近平氏!?　162

次期首相は「治世の李克強、乱世の王岐山」　165
アメリカによる「チャイナバッシング」をどう回避するか？　169
政治の民主化は21世紀中国の最大の課題　174
五輪開催は独裁を崩す　175
経済沈没は一時的で、二〇二〇年まで6～7％成長が可能　177

6章　迫られる日本企業の対中国戦略転換　183

なぜ日本の株価下落率も経済成長率も米国より下げ幅が大きいか？　184
「トヨタ・ショック」の衝撃　185
問題の核心は過剰なアメリカ依存にあり　187
「内需依存」はあくまでも実現できない夢　189
二つの「米中逆転」が意味するもの　193
迫られる戦略転換――アメリカ中心から新興国中心へ　196
「世界の工場」活用より「巨大市場」を狙え！　199
日本企業の中国ビジネスチャンスはどこにあるのか？　201

急増する中間層・富裕層　206
内陸部と農村部の需要に注目せよ　210
中国人セレブの海外観光ブームのチャンスを逃すな　212
観光立国戦略なら鄧小平氏に習え！　217
やめてほしい中国人も分からない中国語表示　218
中国新人類「80后」（バーリンホー）とは？　219
「家族連結型消費」を特徴とする「月光族」「日光族」　221
「普通の巨人」中国、「ブランドの巨人」日本　223

終章　いまこそ日本に必要な「親米睦中」の外交戦略　227

「太子党首相」続出の自民党が自壊した　228
中国の執行部と太いパイプを持つ鳩山政権　231
鳩山政権の経験不足をどう補うか？　235
いい参考になる胡錦濤政権の「知的武装」とは？　238
長期政権を目指すなら確かな成長戦略を！　243

「親米睦中」を日本の外交戦略の基軸に　246
あとがき　251

中国経済の真実

―上海万博後の七つの不安―

はじめに――なぜいま中国なのか?

二〇〇九年四月、私は中国の最大の商業都市上海を訪れた。丁度、上海国際モーターショーの開催の直前だった。

「百年に一度」と言われるほどの金融危機の影響で、世界経済は暗いトンネルに入り、出口が見えず悲観的な空気が充満している中、いったいどのぐらいの出展メーカーが集まるか全く予断を許さない。

主催側は心配していた。しかもその心配は根拠のないものではない。二〇〇九年に入って、アメリカ、日本での国際モーターショーの開催は相次いで失敗したからだ。

同年一月、アメリカのデトロイトで国際モーターショーが開かれたけれども、日本とヨーロッパの多くのメーカーが出展を見送った結果、惨憺たるモーターショーとなったのだ。

同年、10月開催の東京国際モーターショーも、アメリカ、ドイツ、フランスのメジャーは揃って不参加となったため、もう「国際モーターショー」と言えなくなったのである。

上海国際モーターショーもアメリカと日本の二の舞になるのか。開催地の上海市は危機感と緊張感が高まった。

ところが、蓋を開けてみれば、結果は意外なものだった。出店メーカー数はなんと150社。史上最多を記録した。来場者数も記録更新で、会場には熱気が溢れた。上海市はほっとした。

上海に続き、私は広東省へ視察に行った。広東省に隣接する海南省では同様の活気を見せていた。二〇〇九年四月、年に一度のアジアフォーラムは海南島の博鰲鎮（ボーアオ）という町で開催しているからだ。

世界各国の首脳、政府高官、経済界のリーダー、学者たち1600人が博鰲鎮に集まり、世界経済、アジア経済の現状と金融危機対策をめぐって熱い議論をたたかわせた。二〇〇九年の博鰲フォーラムは史上最多の出席者数を記録し、会場も超満員状態。世界同時不況の真っただ中、例年以上の大盛況を見せた。竜永図・フォーラム事務局長によれば、出席の申し込み殺到のため、10日間繰り上げて締め切りをしたという。中国の温家宝首相、パキスタン大統領、カザフスタン大統領、フィンランド首相、ベトナム首相、モンゴル首相、ミャンマー首相、イラン副大統領など現役の政府首脳が出席されたほか、アメリカからはブッシュ前大統領、日本からは福田元首相も出席した。

博鰲フォーラムはスイスのダボスで開かれる世界経済フォーラムのアジア版と言われる。

日本の細川元首相、フィリピンのラモス元大統領、オーストラリアのホーク元首相ら三人がフォーラムの発起人となり、二〇〇一年四月に発足させたものだ。二〇〇九年は第8回目で、金融危機の発生によって世界経済の悲観論が充満している中、フォーラムの熱気と盛況ぶりが注目された。

対照的に、同年一月にスイスのダボスで開かれた世界経済フォーラムは、定員1000人だが、欠席者が続出し惨憺たる結果となったようだ。

大都会の上海と小さな町・博鰲。世界に注目される理由は実に単純。それはほかでもなく中国の巨大市場の存在だ。

これまで、世界経済を牽引するエンジンは二つあった。一つはアメリカ経済、もうひとつは中国経済。ところが、金融危機の発生によって、アメリカというエンジンが崩壊してしまった。そこで残るもうひとつのエンジン、中国経済、特に中国巨大市場の行方が世界に注目されるのは当然のことだろう。

日本企業も中国に対する関心が高まっている。これは私が肌で感じている。私は中国経済をテーマに日本全国のあちこちで講演しているが、聴講者の大半は日本企業の経営者たちである。彼らが私の講演に耳を傾け、メモを取る熱心かつ真剣な様子が印象的だ。

世界経済全体は景気後退が進んでいる中、中国経済はプラス成長を保っており、相対的に中国の台頭は一層加速している。その象徴的な出来事としては、二〇一〇年に起きるGDP(国内総生産)の日中逆転だろう。過去数十年間、日本はずっとアジア最大、世界第2位の経済大国の地位を保ってきた。しかし、この地位はいま中国に脅かされている。中国のGDPは日本を上回り、間もなく世界第2位の経済大国になる。経済規模の日中逆転のインパクトが甚だ大きいと思う。日本人にとって、身近な「中国の衝撃」だ。

さらに日本は外需依存の経済構造なので、自力では景気後退の局面から脱却することができないと一般的に見られる。そうすれば、やはり輸出頼りだ。輸出の増加に転じなければ景気低迷からの脱出が難しい。ところが、いまアメリカもヨーロッパ諸国も景気後退局面にあり、欧米への輸出増加は当面期待されない。むしろ、BRICsなど新興国に対する期待感が高まっている。特に経済規模が大きい中国の景気回復は日本の景気回復につながるため、中国市場への関心がますます高まるのは当然のことだ。

実際、中国は二〇〇四年から既にアメリカに代わって日本の最大の貿易相手国になった。輸出構造の面から見ても、中国(香港を含む)は二〇〇七年からアメリカに代わって日本の最大の輸出先に躍り出た。二〇〇九年一~六月、中国単独でもアメリカを逆転し、日本の最大の輸出先になった。中国の巨大市場を抜きにしては、日本の景気動向も産業発展も語れない。これは誰も直視せざるを得ない現実である。

この文脈で、日本企業は当然のこと、全世界の経済人も中国から目を離すことができないのは自明の理である。

二〇〇九年八月、私は再び上海を訪れた。猛暑にも関わらず、工事現場の工員たちは汗を流しながら建設作業を進める姿が目に入る。二〇一〇年五月上海万博開催のため、交通インフラ工事がいま急ピッチで進んでいる。上海市のみならず、周辺地域の関連工事も急いで行われている。万博の波及効果が期待される。

上海万博終了まで中国経済の高成長が続く。これは私の中国出張の時の直感である。この本の中の一連のデータも私の直感を裏付ける。

しかし、上海万博終了後、中国経済はどうなるのか。経済成長が続くのか、それとも挫折するのか？　不確定性が多いゆえ、さまざまな可能性がある。

本書は激動する中国経済、特に毎日のように豹変する中国市場に焦点を当て、いま中国に何が起こっているか、これから何が起ころうとするのかを偏りなく客観的かつ冷静に分析するのが主旨である。経済人のみならず、一般読者にも読みやすい中国経済の真実を分かりやすく語ろうと思う。

1章　金融危機で中国経済も大きなダメージ

中国経済は水半分のガラスのコップ

二〇〇八年北京オリンピック開催直後、中国経済は突如、アメリカ発金融危機に襲われた。水半分のガラスのコップのように見える中国経済をめぐっては、経済評論家やエコノミストたちの間で悲観論と楽観論の二つの見方に分かれている。

中国経済は二〇〇七年がピークで、成長率は13％だった。ところが、二〇〇八年の第4四半期は、なんと6・8％。二〇〇九年の第1四半期は、6・1％。成長率で言えば、今、ピークの時の半分ぐらいに下落した（図1を参照）。ちょうどコップの水のように、上の半分が空いているのである。

ただし、日・米・欧先進諸国は二〇〇八年後半から、マイナス成長が続いているため（図2を参照）、コップの中は全部、空っぽになっている。日米欧諸国に比べ、半分あるのはまだいいということで、楽観論者は、「中国経済は大丈夫だ」と言って、水のあるコップの下の半分に注目している。

図1　中国GDP成長率の推移（前年同期比%）

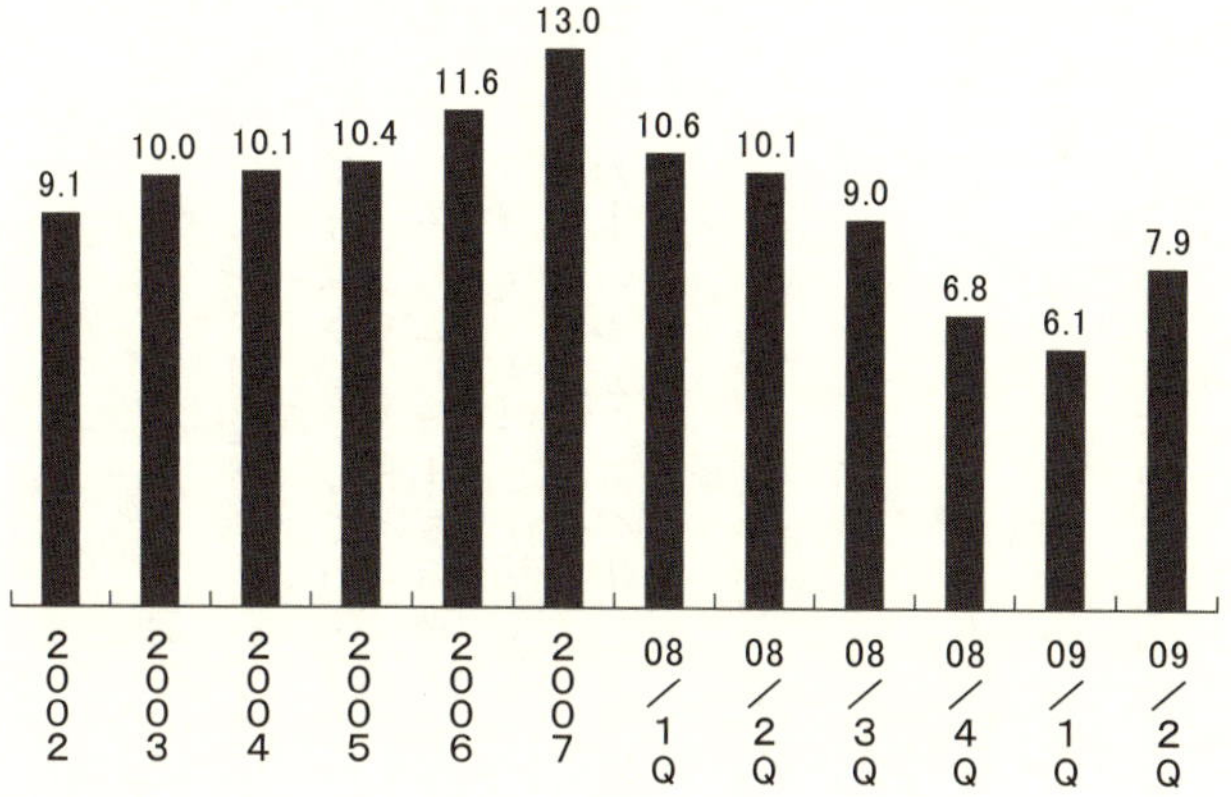

出所）中国国家統計局の発表資料により、著者作成

図2　主要国2008年10-12月期 GDP成長率
（年率換算%）

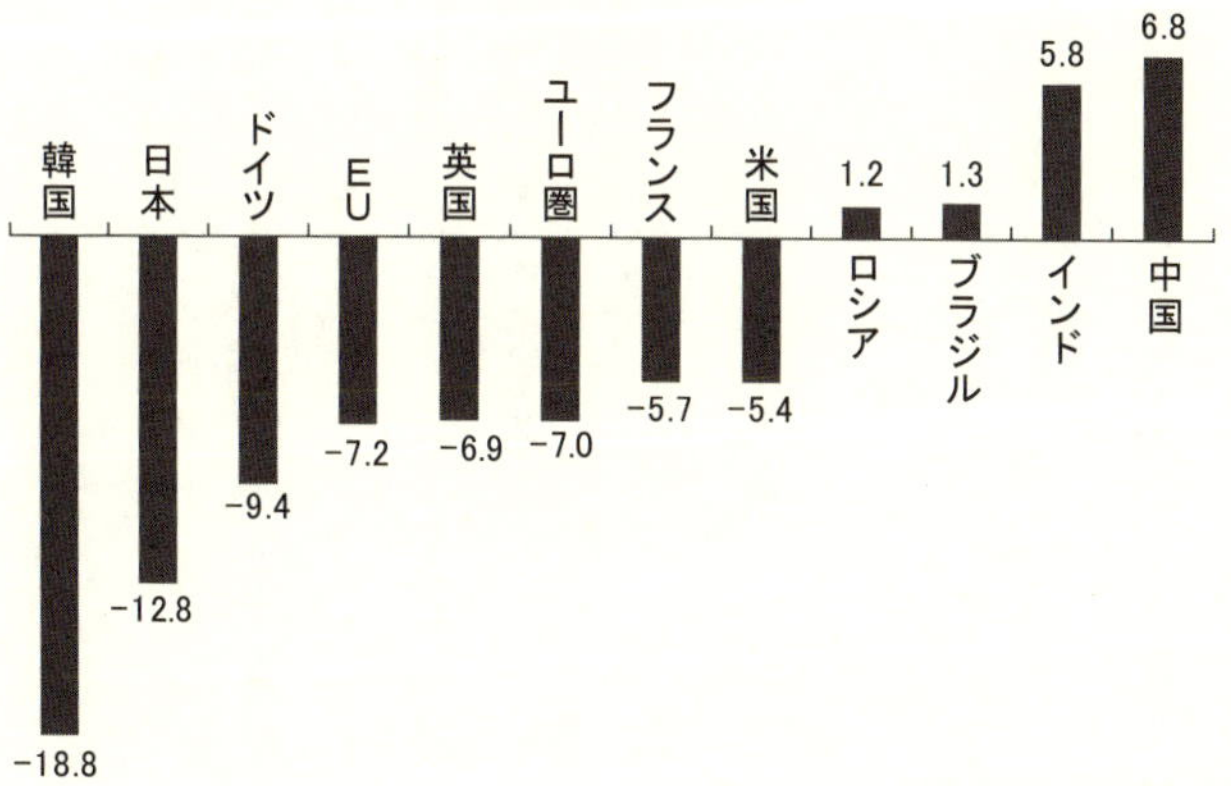

出所）外務省HPの資料により著者作成

ところが、悲観論者は、「中国経済は大変だ」と言って、空になっているコップの上の半分に注目している。

その二つの論調は、いずれも一理あるのだが、いずれも部分的な見方で、全体像が見えてこない。われわれが中国経済を見る時には、コップを全体としてとらえなければならない。確かに、上の半分は空になっている。これは中国経済の厳しさを示す部分だ。下の半分はまだ水が残っている。これは中国経済の強さを示す部分だと思う。従って、水が半分しか残っていないガラスのコップのような存在、これが今の中国経済の全体像である。

次にコップの上の半分と下の半分、それぞれを具体的に説明していく。

株式バブルは崩壊した

中国経済はアメリカ発金融危機の影響で大きなダメージを受けている。このダメージとしては、主に資本市場と実体経済という二つの分野に影響が出ているのだ。

まず一つ目の分野は資本市場である。二〇〇八年一年間で、中国の株式市場―上海総合株価指数は、なんと65％も下落してしまった。主要国の中では、ロシアに次ぐ二番目の下落率

図3　上海総合株価指数の推移

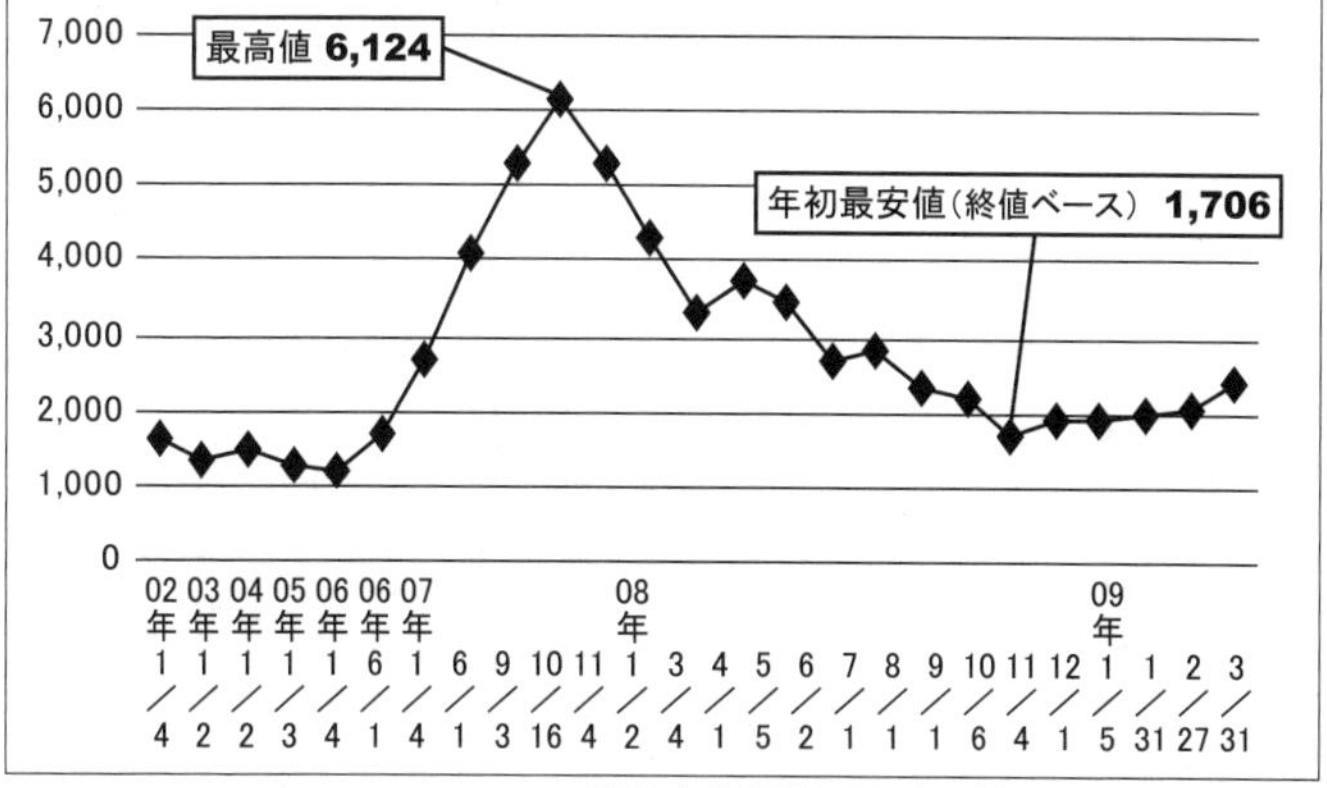

出所）上海証券取引所の資料により著者が作成

だ（図3を参照）。つまり、中国の株式バブルは崩壊したのである。

ここで一つのエピソードを紹介する。筆者は二〇〇七年六月に香港で講演を行い、終わった後、香港に近い経済特区の深圳へ友人に会いに行った。私の友人は、二〇〇七年四月、朱鎔基前首相が日本の大臣経験者と面談した時に、同席した方である。周知のとおり、朱鎔基さんは二〇〇三年三月に首相のポストを退いた後、公の場には一切、姿を見せず、いわゆる「隠居」生活を送り続けている方である。外国の要人と面談したのは、たった2回だけ。1回目はドイツのシュレーダー首相、2回目が日本の大臣経験者。朱鎔基さんと日本の大臣経験者は80年代初めころからの付き合いで、いわゆる「老朋友」（古い友人）の関係にある。

そういった関係をもつ二人が、私的な会談として深圳で懇談したのだ。会談の席には現役の役人は一人も出席しておらず、完全に私的な面談であり、そのためにマスコミにも一切報道されなかった。私もその後の講演や、マスコミの取材などでも、朱鎔基さんと面談した日本の大臣経験者の名前を一切、言わなかったのだ。もう二年以上経ったので今は言える。その方はかつて経済企画庁官をつとめた大和総研の名誉顧問の宮崎勇さんだ。

面談の時、宮崎さんから朱鎔基さんに対して、「中国の株式市場、不動産市場にバブルがあるかどうか」という質問があった。それに対し、朱鎔基さんは次のように答えた。

「今の中国経済、バブルがあるかどうかの話ではない。バブルがいつ弾けるかといった状態になっている。いつまでも経済成長率が上昇し続けるはずがない。11％を超える高成長がこのまま続けば、北京オリンピック開催以後はどうなるのか。早急に対応策を講じる必要がある」

あくまでも私的会談とはいえ、朱鎔基氏は首相として中国の行政責任者だった人物である。引退後の現在でも彼の発言には重みがある。その彼が、当時の中国のバブル経済の行方に関して強い懸念を示したことの意味は大きく、事実、翌五月以降、中国政府は次から次へとバブル抑制対策を打ち出している。これは、朱鎔基前首相の発言と無縁ではない。

しかし、その朱鎔基さんの警告にもかかわらず、中国の株式市場は二〇〇七年から一本調子で上がり続けて、上海株価総合指数は同年十月に史上最高値を更新して、6000ポイントを突破した。ところが、十月以降、バブルが弾け、さらに二〇〇八年、リーマン・ショックも起きたために、中国の株価の下落率は、なんと一年間で65%にのぼった。まさに朱鎔基前首相が警告したとおり、バブルが崩壊した。このバブル崩壊は、中国の個人消費に大きなマイナス影響を及ぼした。

外貨準備高の巨大評価損も発生

もう一つの資本市場への影響は、中国の外貨準備高の巨大評価損が発生したことである。中国の外貨準備高は、二〇〇八年の年末時点で1兆9460億ドル、二〇〇九年六月末時点ではさらに2兆ドルを突破し、2兆1316億ドルにのぼった。そのうち、米ドル資産は約65%、ユーロ約25%、英ポンドや日本円などほかの外国通貨は約10%を占めている。単純に計算すれば、二〇〇八年末時点で中国政府が持っている米ドル資産は1兆2600億ドルにのぼり、そのうちの7400億ドルは米国債だ。

ところが、アメリカのサブプライムローン問題を発端に、米ドル安・人民元高の傾向がずっと続いてきた。二〇〇七年一年間のドル安・元高の幅は、7・1%、二〇〇八年は6・9%。この2年間の元高幅は14%。単純に計算すれば、中国の外貨準備高の中で、米ドル資産を人民元に換算すれば、一千億ドル以上の巨額の評価損失が既に出たわけだ。

もう一つ、中国には外貨準備高を運用する政府系投資ファンドがある。中国投資公司だ。2年前、この会社は政府の外貨準備高の米ドル資産を運用して、アメリカの金融機関や投資ファンドに投資した。例えばブラックストーンに30億ドル、モルガン・スタンレーにも56億ドルをそれぞれ投資した。しかし、金融危機の発生で、二〇〇九年三月末時点で投資金額の三分の二が消えてしまったという。いずれも失敗案件で、対外投資の成功例がまだ出てない。今後、巨額の外貨準備高の資産価値をどう保つかが中国政府の頭を痛める課題ともなっている。

実体経済への打撃が大きい

アメリカ発金融危機の二つ目の影響は、実体経済への打撃だ。具体的には、まず輸出への

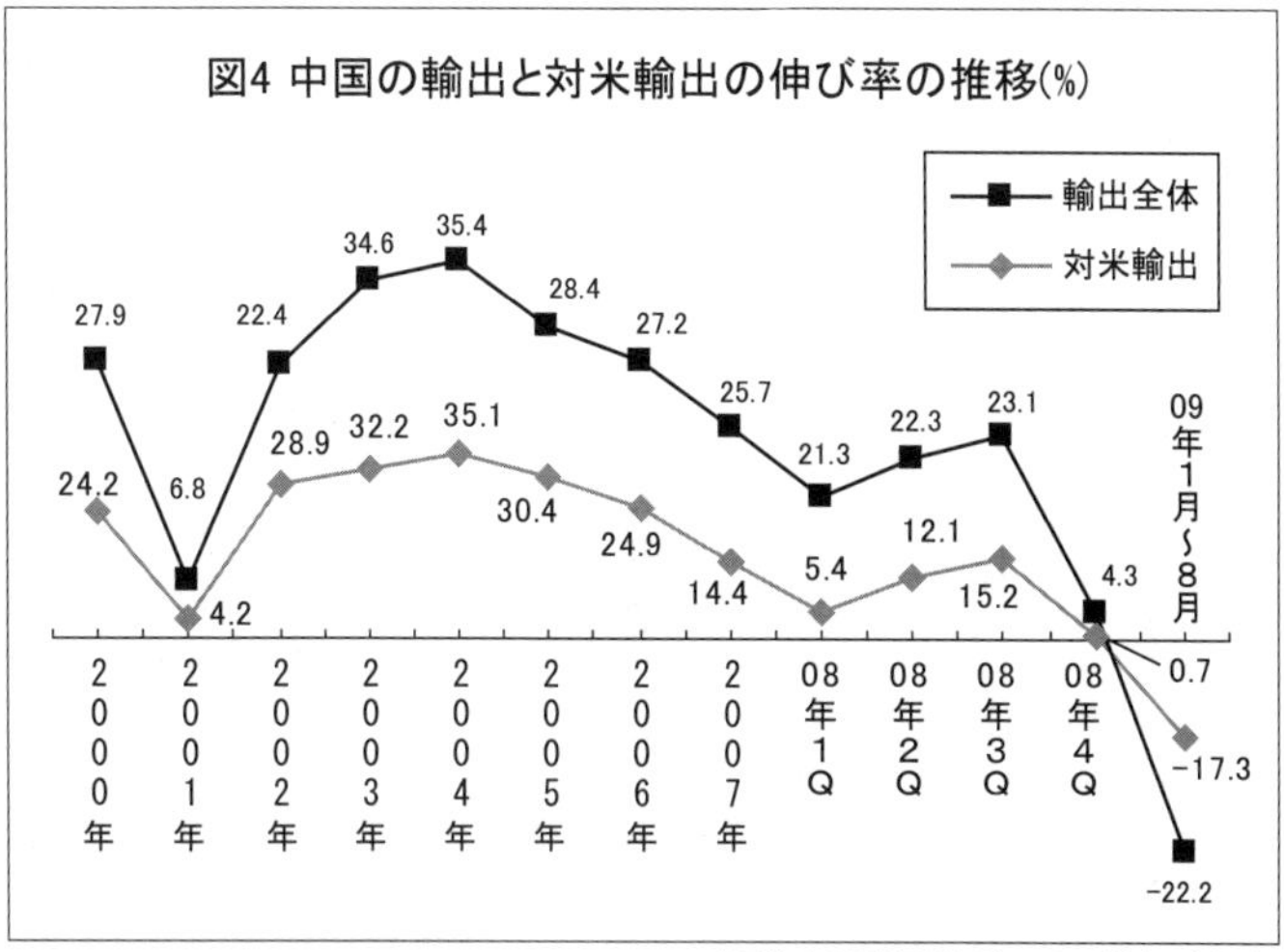

出所）中国税関統計により著者が作成

影響である。中国にとって国別で最大の輸出先はアメリカだ。アメリカ向けの輸出は大体、中国輸出全体の20％を占めている。アメリカ向けの貿易黒字は中国の貿易黒字全体の63％を占めていた。

中国は二〇〇一年十二月に世界貿易機関（WTO）に加盟し、その翌年からアメリカ向けの輸出も中国の輸出全体も急増し、毎年2割以上伸び続けてきた。

ところが、アメリカ発金融危機によって、二〇〇八年後半からは対米輸出の伸び率が急落し、二〇〇九年一～八月期は前年同期比マイナス17・3％に転落した。それによって、中国の輸出全体も二〇〇九年一～八月期は前年同期に比べ22・２％減少した（図４を参照)。以前は2割以上の増加、今は2割以上の減少。合計で40ポイント以上減少したことになる計算だ。

中国経済は輸出依存型の構造なので、輸出の減少は実体経済に大きな打撃を与えた。経済成長率は二〇〇七年の13%から二〇〇八年の9%、二〇〇九年の第1四半期の6・1%へと、急転直下に減速している。これはまさにアメリカ発金融危機の影響が実体経済に波及した結果と見ていい。

なぜ対米輸出は相対的に悪くないのか?

ところが、面白いことに、中国の対米輸出の減少幅が中国の輸出全体の減少幅より遥かに小さい。アメリカは今回の金融危機の震源地だが、経済も景気後退局面に入ったわけなので、中国からアメリカ向けの輸出は、全体より多く下落するはずだというイメージを、私を含め、多くの方々が持っていると思っているが、実際はそうではない。全体は22%減少なのに、アメリカ向けは17%のマイナスだ。これはなぜなのか。

二〇〇九年四月、私は上海、浙江省の寧波、経済特区の深圳、それから広東省の省都・広州など4カ所へ現地調査に行った。そこでわかったことの一つは、中国からアメリカに向けた輸出の構造である。今、アメリカの最大のスーパーマーケットであるウォールマートが、中国で多くの商品を調達している。例えばプラスチック製品、玩具、靴、繊維製品など。つまり、低付加価値の日常生活必需品は大量に中国で調達している。金融危機や経済危機の時は、どの国も同じだが、国民は贅沢品の消費を控える。ところが、生活必需品の消費はそんなに景気の好不況の影響を受けにくいという側面がある。もし中国のアメリカ向けの輸出が、高付加価値製品を中心とする構造であったら、その下落幅はもっと大きかっただろう。

もう一つの要素も見落としてはいけない。中国の最大の輸出先は、国別で言えばアメリカだが、地域で言えばEUである。ところが、EUの景気後退の厳しさは、アメリカに勝ることがあっても劣ることがない。さらに、二〇〇八年三月三十一日から二〇〇九年の三月末までの一年間、人民元の為替レートが、ユーロに対しては18・5%上昇した。米ドルに対しては、わずか2・6%の上昇。つまり、ユーロに対する元高は、米ドルに対する元高よりもはるかに大きい。人民元対ユーロの為替レートの大幅な上昇は、中国の輸出企業のコスト増加につながっている。EU向けの二〇〇九年一～七月期の輸出は、なんと24・8%の減少となる。この要素もあって、中国の二〇〇九年一～七月期の輸出は、マイナス22%という結果と

図5　全国主要70都市不動産価格
対前年比上昇率の推移

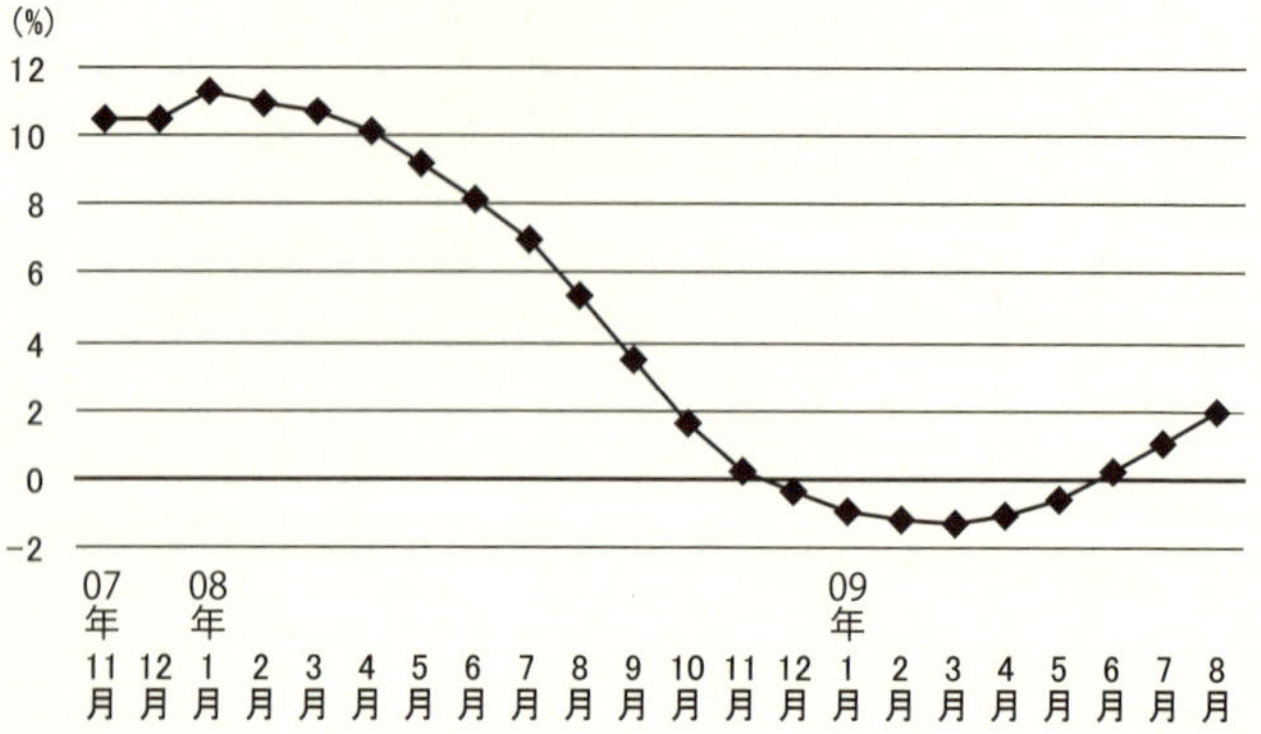

出所）中国国家統計局資料に基づき著者が作成

なった。

不動産バブルもはじけた

実体経済へのもう一つの影響は不動産バブルの崩壊である。図5を見ると、二〇〇八年一月、全国主要70都市の不動産価格の上昇率がピークだったが、以降、月ごとに上昇率が鈍化している。同年十二月は遂にマイナス0・4%に転落し、二〇〇九年五月まで六ヵ月連続でマイナスを記録した。二〇〇五年現在の調査開始以来のマイナスに転落したのである。これは前年同月比だが、前月に比べれば二〇〇八年北京五輪開催の八月から既に八ヵ月連続の下降である。つまり不動産バブルも崩壊したのである。

実際は、二〇〇八年一～六月期には既にいくつかの都市で不動産バブルが崩壊していた。例えば、深圳では、二〇〇八年上半期だけで前年同期と比べ35％下落した。著者が中国を二〇〇八年八月に現地視察に行った際、深圳では住宅ローンの返済能力のない人々が集団で返済を拒否する、という動きがあった。その動きはまだ一部だが、それが全国的に広がることになれば、大変なことになる。アメリカのサブプライム問題と同様に銀行の不良債権問題が一気に表面化し、金融危機につながる恐れがある。

株式バブルの崩壊は経済に与えるマイナス影響は確かに大きいが、不動産バブル崩壊の方はそれよりもっと大きい。二〇〇七年中国の不動産投資は投資全体の18・4％を占め、同年GDPの1割強に相当する。不動産開発は鉄鋼、建材、建機、金融など幅広い分野への波及効果があり、経済成長率への寄与度が大きいため、バブル崩壊は投資の冷え込みを招き、逆資産効果で個人消費へのマイナス影響も大きい。さらに、不動産バブルが崩壊すれば、住宅ローンが焦げ付け、銀行の不良債権の急増が避けられず、金融不安に繋がる恐れがある。不動産バブルの崩壊は、政府が絶対座視できない。

そういうわけで、中国政府は躍起になって不動産価格のさらなる下落に歯止めをかけようとした。二〇〇八年十一月に打ち出した大型景気対策にも、安価な住宅建設という不動産景気対策が含まれていた。この景気対策の効果もあって、二〇〇九年六月からは全国の不動産価格はついにプラスに転じたのである。

「知らないところに手を出すな」——中国金融機関一人勝ちの背景——

ただし、今、中国は悪い話ばかりではない。明るい話もある。まずは中国には金融危機が発生せず、大手銀行は揃って最高益を更新したことが挙げられる。

二〇〇八年九月十五日、アメリカの大手投資会社リーマン・ブラザーズの経営破綻の衝撃が走り、金融危機はあっという間に世界を席捲した。米国をはじめ、欧米諸国の住宅金融会社、投資銀行、大手銀行、生命保険会社、投資ファンド、証券会社などほとんどの金融機関はこの大津波に襲われ、未曾有の危機に遭遇したのである。アイルランドは国家破綻し、ハンガリー、ウクライナおよびパキスタンなどもＩＭＦ（国際通貨基金）に救済を求めた。まさに「百年に一度」の危機であった。

それでは中国の金融機関は、この「百年に一度」の金融危機でどうなっているか。結論から申し上げると、中国の金融機関は多少影響を受けたが、金融危機は発生しなかったのである。

アメリカもヨーロッパも相次いで金融機関が破綻しているなか、中国では破綻した金融機関は一つもなかった。それどころか、二〇〇八年度の中国の金融機関の純利益は、前の年に比べて30％増の５８４３億元で、史上最高益を更新した。純利益のトータルの金額は、日本円に換算すれば、８兆５０００億円にのぼり、世界最大規模となったようだ。一九七〇～二〇〇七年の過去37年間、日本の主要銀行でさえ、トータルで純利益３兆円を超えた年は、二〇〇五年のわずか一年だけ。利益が出る年もあるし、赤字の年もあるので、相殺した結果、過去37年間の日本の主要銀行のトータルの純利益は、合計で１・６兆円。しかもその１・６兆円の純利益は、二〇〇八年の金融危機によってほとんど消えてしまった。

二〇〇八年、中国の大手四行の純利益額は次のとおりである。

中国工商銀行　１１１２億元（１・６２兆円相当）前年比35・２％増
中国建設銀行　９２６・４億元（１・３５兆円相当）前年比34％増
中国銀行　６４３・６億元（９３７７億円相当）前年比14・４％増
交通銀行　２８３・９億元（４１３６億円相当）前年比40％増

上記大手四行の純利益は2966億元となり、日本円に換算すれば4・32兆円にのぼる。利益の大幅増に伴い、株価の時価総額も世界銀行業界で突出している。二〇〇八年末時点で、世界銀行ランキングでも、時価総額上位10行の中で、1位、2位、3位を全部、中国の銀行が独占している。1位は工商銀行、2位は建設銀行、3位は中国銀行だ。

それではなぜ中国の銀行業は金融危機から逃れられたか。実際、理由は極めて簡単だ。アメリカが開発したデリバティブやサブプライムの証券化など新しい金融商品は、中国の金融機関にとって、まだなじみが薄い。その複雑な構造もよくわからない。「自分の知らないところに手を出すな」というのは中国の銀行界の常識だ。今現在も中国の銀行業の主な収益は、依然として国民の預貯金と貸出の利鞘《りざや》である。こうした地味でかつ堅実な経営手法は今回の金融危機から逃れる「救い手」となった。

もう一点は厳しい金融監督だ。二〇〇七年アメリカのサブプライム・ローン問題が表面化した直後から、二〇〇八年末まで、日本の金融庁に相当する中国の銀行業監督・管理委員会は6回にわたり、すべての銀行を対象に内部通達を出し、アメリカのサブプライム・ローン問題および金融リスクへの注意を呼びかけ、金融規制を強化した。今回、中国の金融危機の中国金融機関への影響が最小限にとどまったことは、こうした金融当局の厳しい監督と決して無関係ではない。

投資も消費も落ちてはいない

前述のように、輸出は大幅に落ちている。ところが、中国の投資と消費は落ちてはいない。

政府の発表によれば、中国の二〇〇九年一～八月期の固定資産投資（インフラ投資、不動産投資、設備投資の合計）は前年同期に比べ33％増、伸び率は二〇〇八年より約7ポイント高い。

その背景にあるのは、公共投資を中心とするインフラ投資と思われる。中国は二〇〇八年十一月、57兆円という大規模な景気対策を打ち出した。その効果があって、二〇〇九年の投資は昨年より伸び率が高くなった。

もう一つは、個人消費を含む消費全体の伸びであり、二〇〇九年一～八月期は前年比15・1％増となっている。図6を見ると、確かに伸び率では二〇〇八年の20％強に及ばず、低下しているように見えるが、二〇〇八年上半期のインフレ率は7・9％、二〇〇九年はマイナス1・1％。物価要素を考えると、二〇〇九年の実質的な伸び率は二〇〇八年に比べあまり

図6　中国消費と投資の伸び率の推移(%)

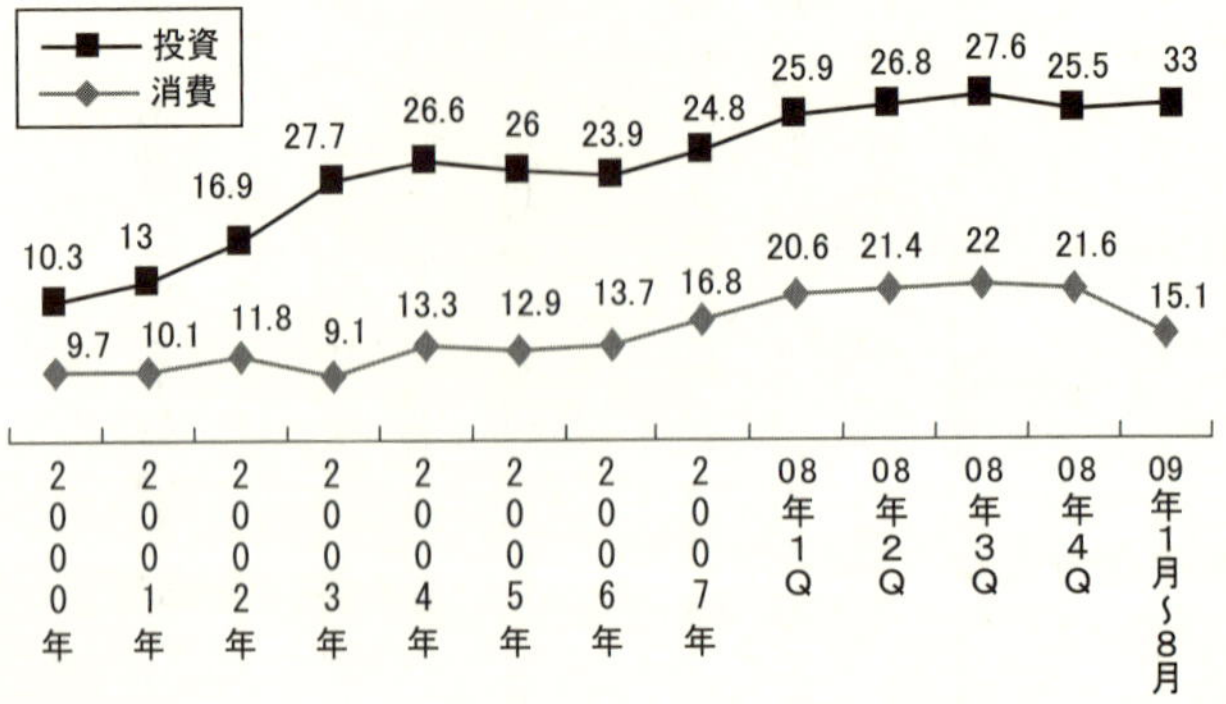

出所）中国国家発展改革委員会の発表資料により著者が作成

落ちていない。むしろ堅調ぶりを示している。

特に経済の波及効果が最も大きい二大消費分野の自動車と住宅は、二〇〇九年三月から活気が戻りつつあり、経済成長の下支えになっている。株式、車、不動産という三つの市場の活況については、現地レポートの形で第3章に詳しく述べるのでここでは省略する。

要するに、これまでとは違い、投資と消費という二つの分野は今年の中国経済成長の牽引役になると思われる。

最大の懸念材料は雇用

それでは中国の二〇〇九年の最大の懸念材料は何かというと、雇用である。

図7　中国の大学と大学院卒業生の推移（単位　万人）

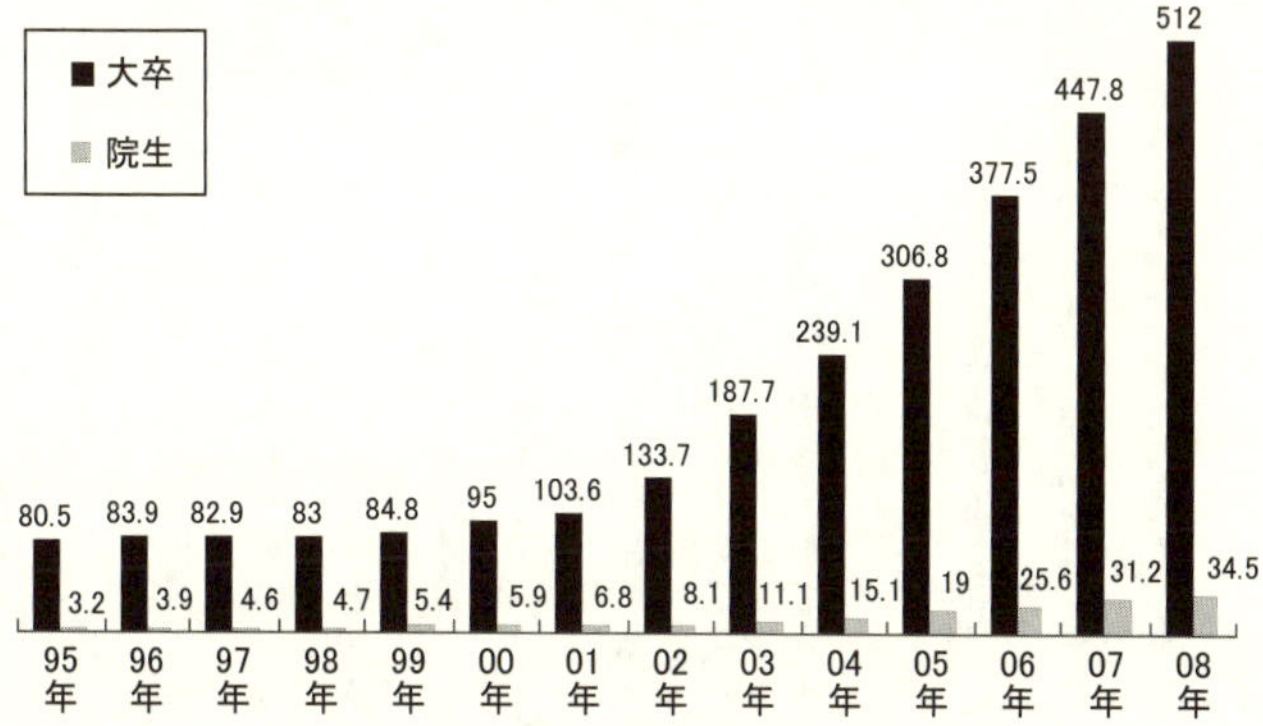

出所）中国当局の発表資料により著者が作成

雇用不安には、主に二つの問題が突出している。一つ目は、大学卒業生の就職問題である。中国の大学卒業者数は、二〇〇〇年を境に、毎年、急増している。二〇〇八年時点では、二〇〇〇年の５倍（図7を参照）となっている。

大学教育の普及は非常にいいことであり、豊富な人材は経済にはプラスになるからだ。私の世代では、大学は狭き門であり、進学が物凄く厳しかった。だいたい１００人に８人しか大学に入れなかった。今は約７割が進学できる。二〇〇八年を例にとれば、一般高校卒業生８４５万人に対し、大学募集人数は６０８万人にのぼる。

しかしその一方、雇用のプレッシャーも年ごとに増えている。二〇〇九年の大学卒業生、大学院卒業生の合計が６１０万人。そのほかに、既に卒業しているけれども、まだ就職していない大学生が100万人いる。合計で710万人。これが大きな雇用圧力になっている。

二つ目は、「農民工」の問題。中国政府の発表した統計数字では、二〇〇九年六月末時点で失業率は4・3%。日本は六月末時点では4・7%。一見すると、日本より中国のほうが雇用情勢がいいのではないかと思えるが、実際はそうではない。日本よりはるかに深刻だ。

中国の第一次産業の農林水産業は毎年、一千万人ずつ雇用が減っており、第二次、第三次産業は、毎年1000万人以上、雇用が増えている(図8)。これは、これまで工業化、都市化の進展によって、農村部の人たちが吸収された結果である。これとは別に、農村部の戸籍のままに都市部で働いている人たちは1億5000万人いる。そのうちの2000万人が、金融危機の影響で仕事を失ってしまったのである。しかし、彼らは政府の失業統計に入らない。

政府の失業統計は都市部住民の失業者を対象とするものであり、「農民工」たちは農村部の戸籍を持ち、土地(使用権)をもっているため、たとえ失業して農村に帰っても、「失業者」になれない。理不尽な制度としか言いようがない。

仮に仕事を失ってしまった「農民工」たちを失業率に計上すれば、たぶん中国の失業率は

図8　中国産業別雇用者数の推移

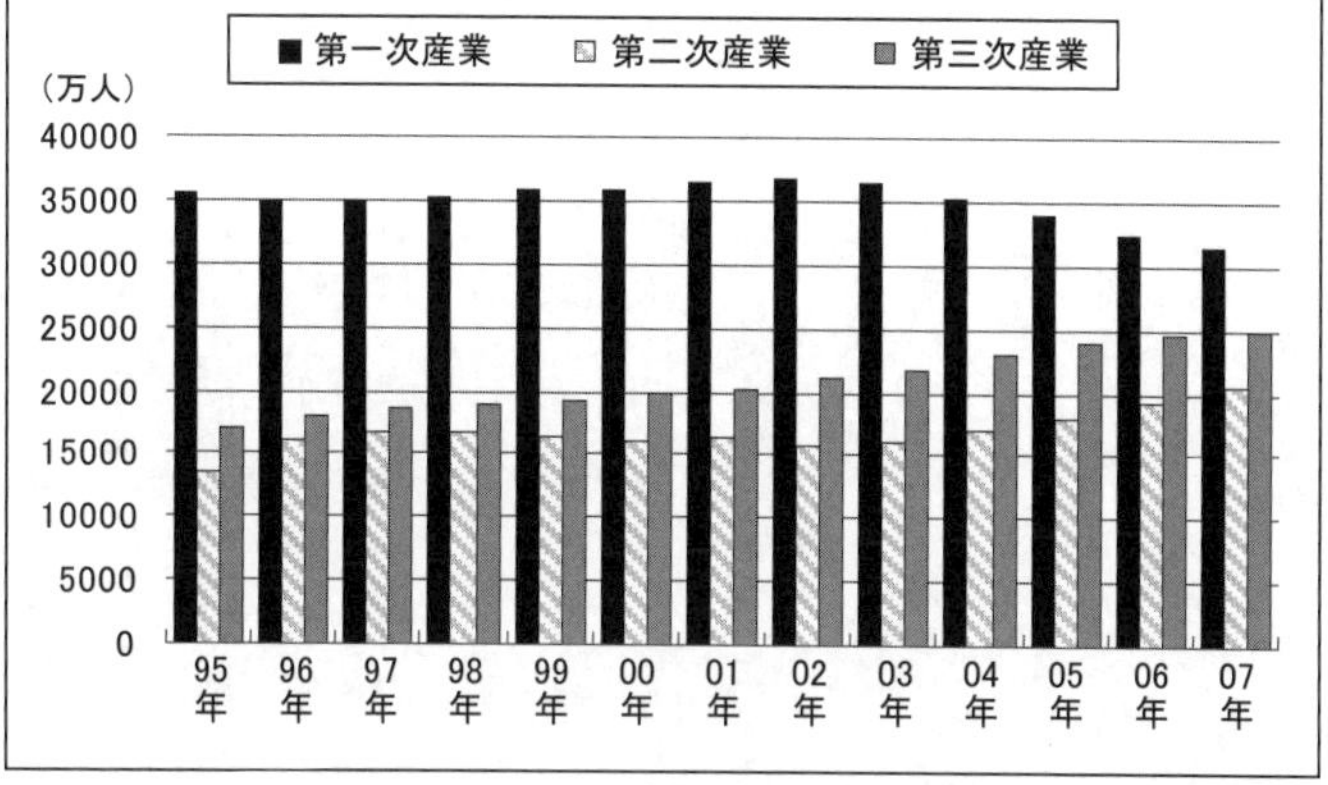

出所）中国当局の発表資料により著者が作成

10%前後になり、日本の2・5倍になる。膨大な「農民工」失業大軍は中国の社会不安要素になりかねない。

「失業者」になれない失業者たち

二〇〇九年四月、私が上海、寧波、広州、深圳へ出張に行って調査した結果、「農民工」の失業の実態がついにわかった。

広東省の最大の貿易加工型産業の集積地、深圳経済特区から車で一時間ぐらいのところの市、東《とう》莞《かん》市。市の戸籍がある人口は175万人。ところが、出稼ぎ労働者を中心とする外来人口は1000万人を超え、戸籍人口の6倍となる。実際、二〇〇九年初め、東莞市では数百万人の失業者が出ていた。ただし政府統計を見るだけではわからないのだ。

しかし、現地視察で調べたところ、二つの実例から「農民工」の失業の実態がわかってきた。一つは、携帯電話会社の携帯解約数だ。中国の最大の携帯電話会社のモバイル・チャイナの東莞市の解約数が、二〇〇九年の旧正月明けで、二〇〇八年末に比べて200万人となっている。これはつまり、出稼ぎの「農民工」たちは戻らないことを前提に、農村部に帰ってしまったということだ。これは失業率の実態を示す一つ目の実例である。

もう一つの例は、ゴミ出しの量だ。「農民工」の居住エリアからのゴミ出しの量が、二〇〇九年二月末時点で、二〇〇八年に比べて半分ぐらい減っている。つまり、「農民工」たちの半分ぐらいが、農村部に帰ってしまったわけだ。そういう実態から、中国の失業問題の厳しさが裏付けられたのだ。

失業した「農民工」と大学卒業生だけで、二〇〇九年は合計2700万人の新規雇用の創出が必要だ。ところが、二〇〇八年中国経済成長率は9％で、景気も良かったにもかかわらず、新規雇用の創出は1100万人だった。二〇〇九年の経済成長率は二〇〇八年より間違いなくさらに低くなる。私の予測では、だいたい8％前後。従って、2700万人の新規雇用の創出は絶対に無理なのだ。

雇用不安は社会の不安定につながりかねない。中国政府にとっては、二〇〇九年の最大の懸念材料はほかでもなく、雇用不安だ。なぜか？　二〇〇九年は中国の政治的な節目の年である。一九一九年若い学生たちの反帝国主義、反封建主義、反軍閥政府の運動である五・四運動九十周年。それからチベット仏教の最高指導者ダライ・ラマのインド亡命の、いわゆるチベット騒乱五十周年。学生運動、民主化運動の「天安門事件」二十周年。中華人民共和国建国六十周年。いずれも政治的な節目である。特に建国六十周年を除いた三つはいずれも反政府運動で、これは中国政府にとっては、神経をとがらす問題となる。この意味では、二〇〇九年は非常に敏感な年である。雇用不安が社会不安につながる恐れがあるので、今、中国政府は、あの手この手を使って雇用問題を最重要視する姿勢を打ち出している。大型景気対策も、やはり雇用安定のためという側面がある。これが中国経済の現実である。

2章

「政変」に弱く、外部危機に強い中国

――中国経済の強みと弱点

「政変」に弱い中国

アメリカ発の金融危機の影響で、中国経済は挫折するか？

結論からいえば、アメリカ発の金融危機の影響だけでは中国経済は挫折しない。しかも世界主要国の中で景気低迷から一番先に脱出する国は中国だと、私は見ている。

その理由として次の三つが挙げられる。

まず一つ目は中国経済の特異な構造。特異な構造と言えば、これはやはり、「政変」に弱いが外部危機に強いという構造だ。

私が調べたところ、過去40年間、中国の経済成長は5回も挫折を経験したが、例外なくいずれも「政変」の年に起きたことがわかった。

1回目の挫折は一九六七年に起きた。一九六六年、中国では毛沢東が発動した文化大革命が始まった。文化大革命の本質は、当時、共産党主席の毛沢東が若い学生たちの盲目的な情熱を利用し、大衆運動の形で自分の存在を脅かすライバル・劉少奇国家主席、鄧小平総書記を失脚させようとした権力闘争にある。そのため、中国は政治的にも経済的にも未曾有の混乱に陥っていた。日本ではバブル崩壊の90年代の10年は「失われた10年」と言われるが、中国では一九六六年から一九七六年までの文化大革命の10年間を「失われた10年」という。一九六七年、国家主席の劉少奇と党総書記の鄧小平が失脚した。その年の経済成長率はマイナス7・2%を記録した。また翌年の一九六八年の成長率はマイナス6・5%だった(図9)。2年連続マイナス成長を記録したのは、新中国樹立以来「大躍進政策」の失敗(59~62)に次ぐ出来事だ。まさに「政変」の年に「経変」も起こったのである。

それから、2回目の経済成長の挫折は一九七六年だ。その年に鄧小平が3度目の失脚に追い込まれ、党主席毛沢東が亡くなった。その年の十月に、クーデターも起きた。毛沢東の側近であり、文革を指揮した江青(毛沢東夫人)など4人組が逮捕された。前年の一九七五年には8・3%だった成長率は翌七六年にマイナス2・7%へと転落した。

3回目の成長挫折は、改革・開放政策を導入した後の一九八一年に起こった。鄧小平らとの党内抗争に敗れた華国鋒が党主席を辞任し、事実上失脚した年である。経済成長率は前年の7・8%から5・2%へと落ち込んだ。

13・5%から8・8%へと一気に下落した4度目は一九八六年。民主化要求のデモが起こった年である。翌年一月には、「改革派の領袖」として鄧小平の下で、改革・開放を推進した胡耀邦・共産党総書記（当時）が失脚している。

その2年後には天安門事件が起こり、総書記を務めていた趙紫陽が失脚。これが5度目である。この一九八九年には、前年に11・3％だった成長率が一気に4・1％まで落ち込んだ（図10）。

要するに、過去40年間の5回の経済挫折は、いずれも「政変」の年に起きたのだ。それはまさに共産党一党支配の弱みでもある。

それでは、なぜ中国経済は「政変」に弱いか。中国は共産党一党支配の国である。党のトップ、あるいは党の主要幹部が失脚すれば、中央から地方まで大規模な幹部移動が行われることになる。政治・政局は混乱に陥り、経済も挫折する。これは中国の経験則である。

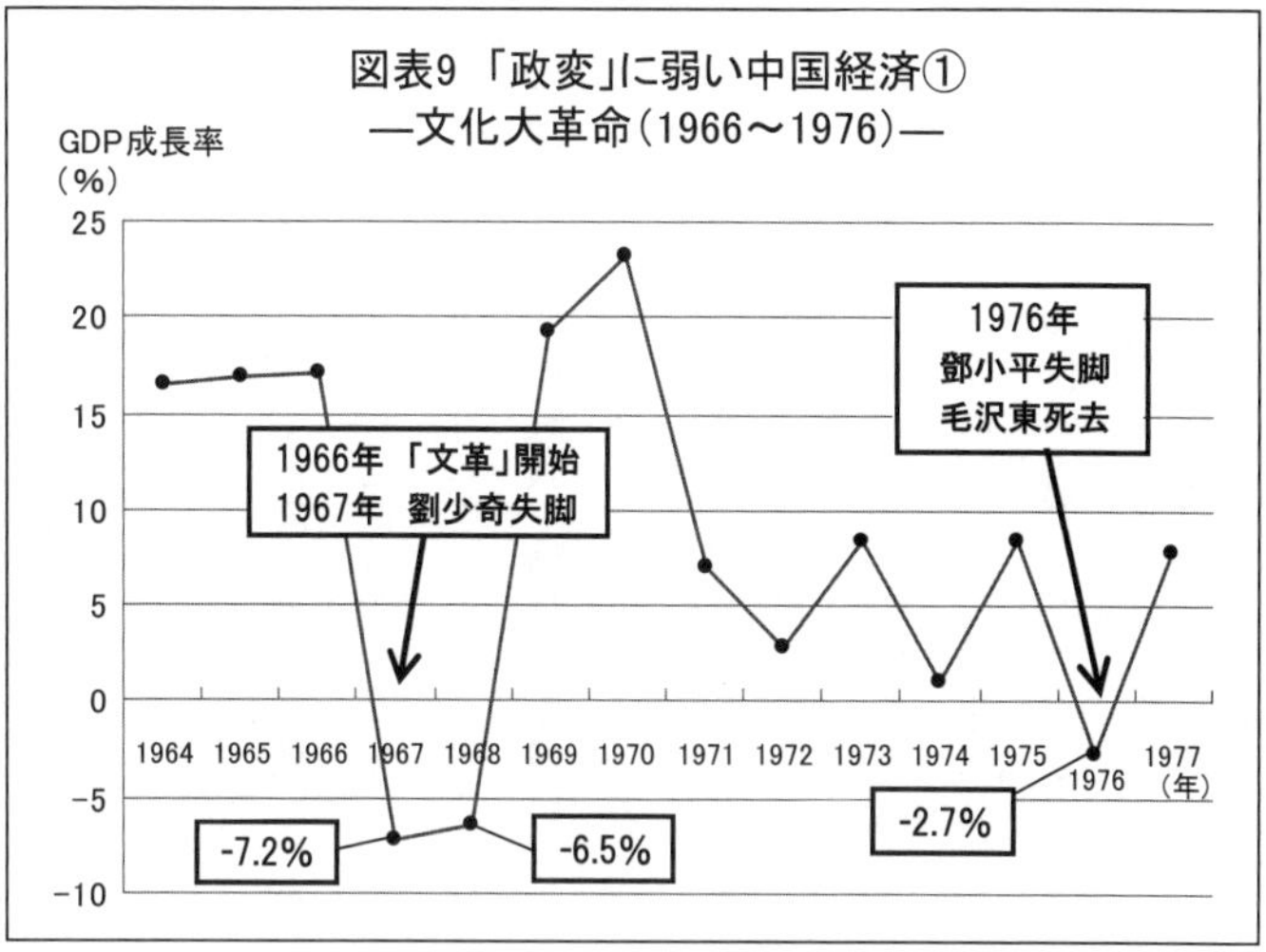

図表9 「政変」に弱い中国経済①
—文化大革命(1966〜1976)—

出所）ＩＭＦ資料により著者が作成

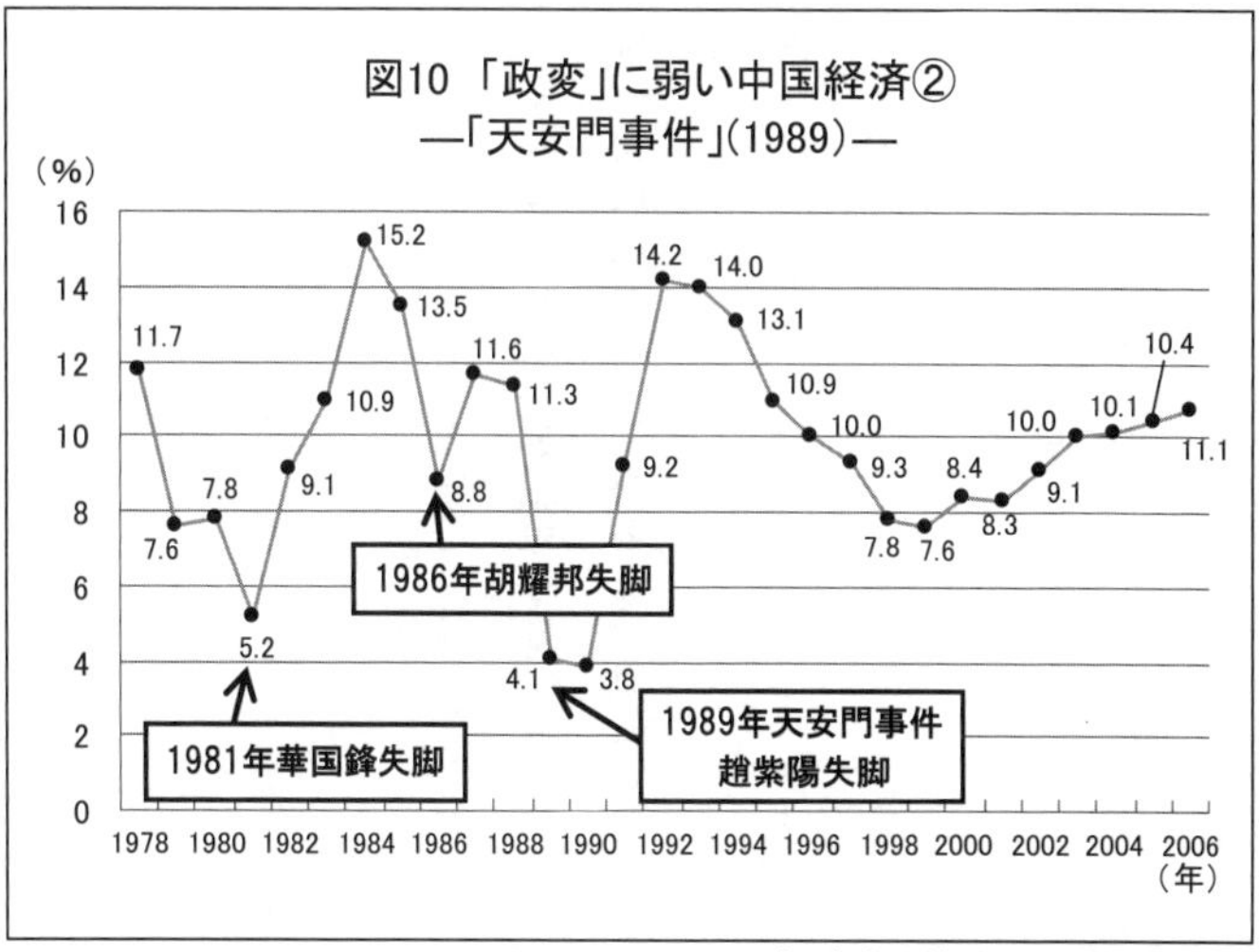

図10 「政変」に弱い中国経済②
—「天安門事件」(1989)—

出所）中国統計により著者が作成

外部危機に強い中国

前述のように、中国経済は「政変」に非常に弱い。ところが、外部危機には意外に強いのだ。次の三つの実例を具体的に見てみよう。

まずは一九九七年に発生したアジア通貨危機である。その翌年、ＡＳＥＡＮ（東南アジア諸国連合）諸国は通貨危機に直撃され、マイナス８％の経済成長率を記録した。ＡＳＥＡＮ諸国のみならず、日本も韓国もロシアもマイナス成長に転落したのである。それに対し、中国はなんと７・８％成長をキープしていた（図11）。

二つ目の実例はロシア経済危機。一九九〇年から一九九八年までの約10年間、ロシア経済は毎年マイナス成長が続いていた。ところが、ロシアの隣国である中国の経済は、この10年間、全く影響を受けずに10％前後の高度成長が続いていた（図12）。

それから三つ目の実例は二〇〇〇年のアメリカのＩＴバブルの崩壊だ。翌年の二〇〇一年世界各国・地域のＧＤＰ成長率を調べたら、アメリカと日本はいずれも０％台の成長、台湾とシンガポールはマイナス成長に転落した。ところが、中国の経済成長率は８・３％で、前年とあまり変わらない成長率をキープした（図13）。やはり外部危機に強いのだ。

それでは、なぜ中国経済は外部危機に強いのか？　その理由は何か。

その理由は、実際共産党一党支配の強みにあるのだ。共産党一党支配体制の下で、危機の時、政策転換が早い。決断が速い。行動が速い。民主主義のコストを払わずに済むわけだ。これはやはり民主主義国家の日本と違うところである。

たとえば、今回の日本政府の金融危機への対応策として、一人に1万2000円の定額給付金の支給について、提案から法律の採択まで数ヵ月もかかったのだ。

ところが中国の場合は、外部の危機に対しては迅速に対応できる。中央執行部が決断すれば、すぐ政策の転換を行う。景気対策もすぐ実行できる。たとえば、アジア通貨危機の時もそうだった。

図表11　外部危機に強い中国経済 ——「アジア通貨危機」(1997－1999)

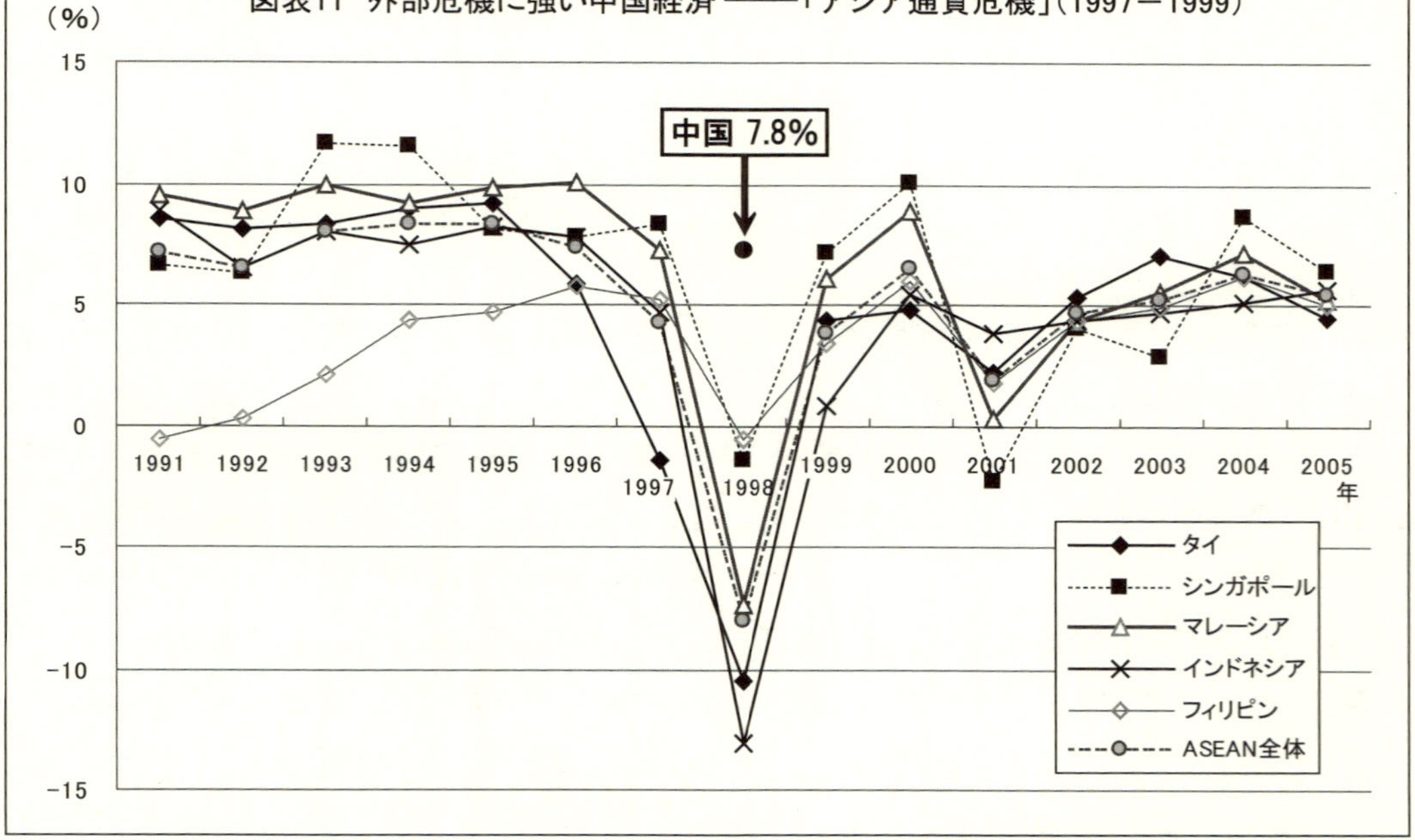

出所)各国の統計データに基づき著者が作成

図12　外部危機に強い中国経済②　—ロシア経済危機（1990〜2000年）—

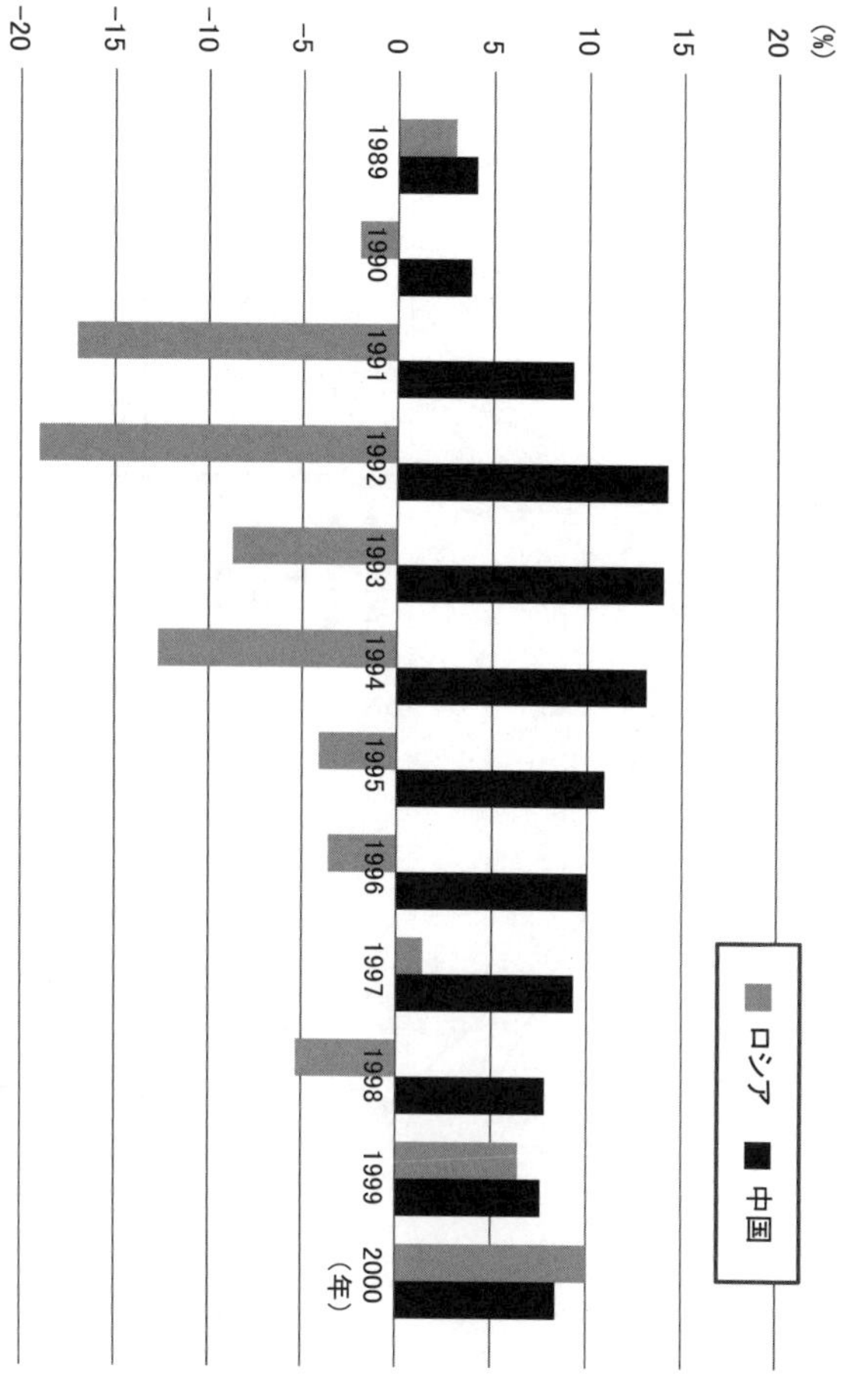

出所）「中国統計年鑑」、IMF資料により著者が作成

図 13　外部危機に強い中国経済③　　米国 IT バブル崩壊（2001 年）

【2001 年経済成長率】
・米国　0.8%　・日本　0.4%　・シンガポール −2.3%　・台湾　−2.2%　・中国　8.3%

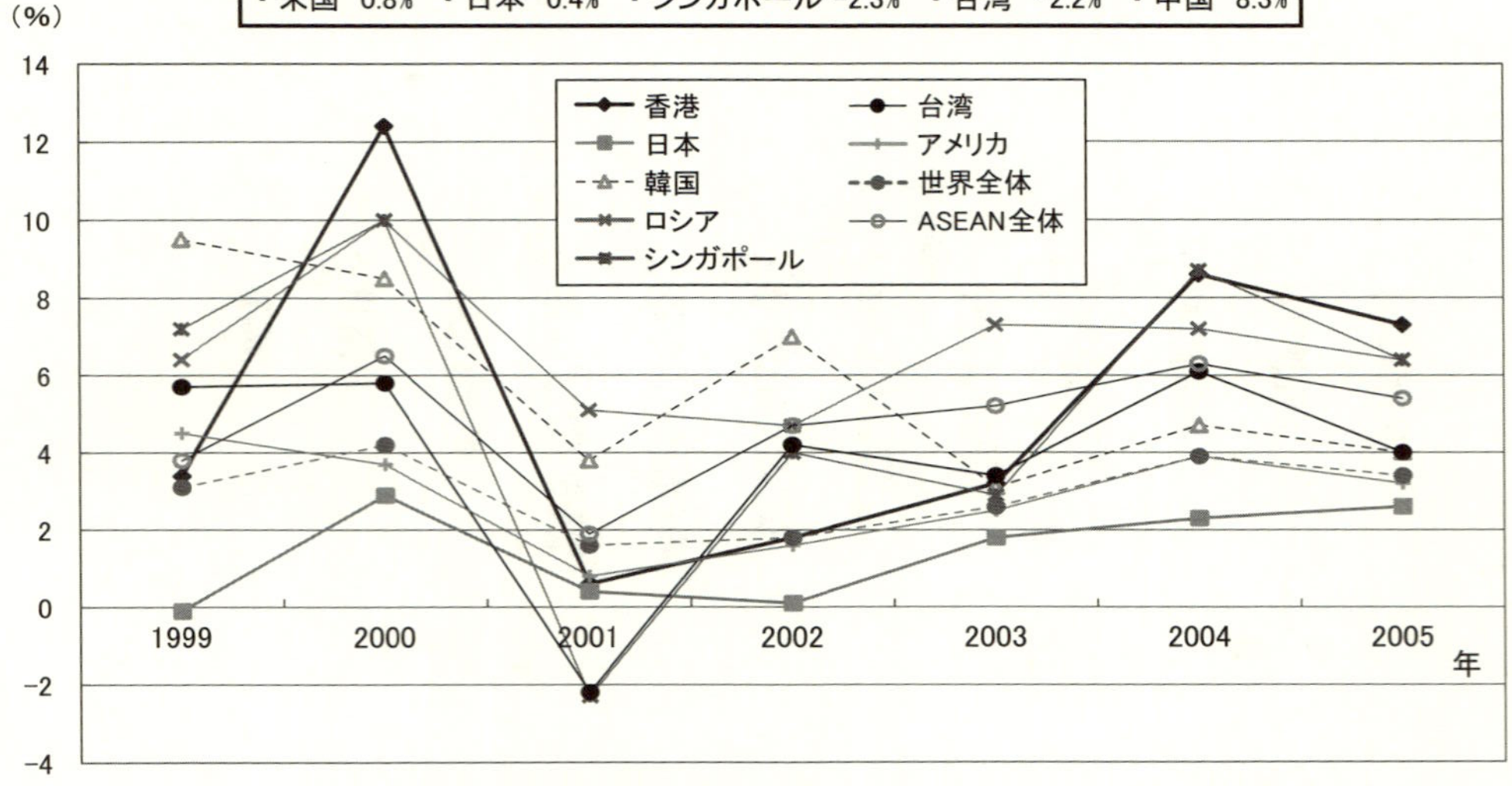

出所）EIU Data Services, November 2006 により作成

アジア通貨危機で朱鎔基首相が取った対策

アジア通貨危機の時、中国は一体どういう対策を打ち出したか？

具体的には、当時の朱鎔基首相は三つの対策を打ち出した。まず一つ目は人民元の切り下げをしないと内外に公約したのである。これによって、通貨危機の連鎖が断ち切られた。

二つ目は大規模な公共投資を実施する。経済危機の時は、輸出は期待されない。個人消費もなかなか伸びないのである。従って、即効性があるのは、やはり公共投資しかない。それで朱鎔基首相は、大規模な赤字国債を発行して公共投資を実行する。その時の公共投資は主に高速道路の建設。中国政府は一九九八～二〇〇〇年の3年間、３６００億元（約４３５億ドル）の建設国債を発行し、高速道路などインフラ投資に公的資金を注いだ。一九九七年、中国の高速道路は延べ４８００キロと日本の8割弱に過ぎなかったが、二〇〇八年末現在では日本の6倍強に相当する延べ6万キロに急増したのである。

こうした大規模な公共投資によって、中国経済を刺激する効果が出た。この3年間、インフラ投資による経済成長率への寄与度は1・7ポイントにのぼったという。これは景気の下支え効果があるのだ。

三つ目は、公的資金を4大国有商業銀行に注入し、不良債権の処理を急ぎ、金融危機を未然に防いだことである。一九九七年末時点で、中国の金融機関の不良債権比率は25%にのぼり、その総額が同年の国内総生産（GDP）の3割弱に相当した。抜本的な金融改革を行い、巨額の不良債権を処理しなければ、金融危機につながる恐れがあった。

そこで、朱鎔基首相は辣腕をふるって、大規模な公的資金を注入して金融機関の不良債権の処理に取り組んだ。一九九八～二〇〇四年の7年間で4大国有銀行に注入された公的資金は累計で2827億ドルにのぼった。同時に、政府は四つの金融資産管理会社を設立し、銀行から不良債権を買い取る形で不良債権を償却していた。公的資金注入および不良債権の買い取り。過去10年間、中国政府が投入した資金は、合計で3・5兆元という。日本円に換算すれば、50兆円規模にのぼる。

その結果、中国銀行、中国工商銀行、建設銀行は株式化改革を完成させ、香港・上海両株式市場への上場を果たした。金融機関の不良債権比率は二〇〇八年末時点で2%までに低下し、商業銀行の純利益も二〇〇二年の364億元から二〇〇八年の5834億元へと16倍も増えた。

今回の米国発金融危機で中国の金融機関は多少影響を受けるが、保有するサブプライムローン関連債権は極めて少ないため、欧米金融機関に比べ傷が浅い。大手銀行の経営基盤がしっかりしているため、金融危機の可能性はゼロに近い。

今回の金融危機で、アメリカ政府の取っている対策やEU諸国の取っている政策は10年前朱鎔基首相が取っていた政策とほとんど同じである。

一日で180度の政策転換ができる凄さ

要するに、中国は民主主義のコストを払わずに決断し、政策転換ができる。これは中国経済が外部危機に強い「秘密」である。

ここでもう一つの実例を紹介する。今回の金融危機の発端でもあるリーマン・ショックが発生したのは、二〇〇八年九月十五日のことである。その翌日、中国政府は金利の引き下げを断行した。同時に、銀行からの貸し出しに対する総量規制も撤廃した。これまで中国政府は過熱経済の抑制のため、金融引き締め政策を取ってきたが、金融危機の発生によって、わずか1日で金利緩和に舵を切った。

さらに十一月四日、リーマン・ショックから1ヵ月強で、中国政府は大型の景気対策を発表した。金額でいえば4兆元、日本円に換算すれば57兆円規模の大型景気対策だ。行動がものすごく早かった。こうした政府の強いリーダーシップ、迅速な決断、果敢な政策転換は外部危機から中国経済を守った。

「政変」に弱く、外部危機に非常に強いという特異な構造を持っているため、「政変」が起きない限り、アメリカ発金融危機の影響だけでは、中国経済は挫折しないのだ。これは私の結論だ。

それでは「政変」は起きる可能性があるかどうか。当面、その可能性は極めて低い。中国政府は今回の金融危機で非常に迅速に対応策を打ち出したため、国民に、また投資家たちに高く評価されている。確かに、二〇〇九年六月に新疆ウィグル族暴動が起き、胡錦濤国家主席もサミットを欠席、イタリアから緊急帰国した。しかし、これはあくまでも局地的な問題で、全国的にみれば、胡錦濤政権に対する国民の支持率はまだ高い。当面は「政変」発生の可能性はゼロに近い。

「危機」を「好機」に変える中国の躍進ぶりが目立つ

実際、毎度の外部危機は中国の台頭に絶好のチャンスをもたらすことが歴史に証明されている。

アジア通貨危機の実例をみよう。危機発生前の一九九六年、関係国のＧＤＰ規模はインドネシア２２３５億ドル、フィリピン８３５億ドル、タイ１８２２億ドル、マレーシア９８７億ドル、シンガポール９４７億ドルで、ＡＳＥＡＮ５ヵ国のＧＤＰ合計は６８２６億ドル。韓国は４６１９億ドル、中国は８５７５億ドル。ＡＳＥＡＮ５ヵ国＋韓国のＧＤＰは１兆１４４６億ドルで、中国の１・３倍強となっていた。

ところが、１９９７通貨危機が発生すると、経済規模の勢力図は一変する。二〇〇〇年ＡＳＥＡＮはベトナム、ラオス、カンボジア、ミャンマーなどの加盟によって、10ヵ国に拡大したにも関わらず、ＧＤＰ規模は５６８６億ドルとなり、一九九六年に比べて14％減少。韓国も通貨危機の影響で１％減少の４５７２億ドル。しかし、中国は通貨危機の影響を最小限に抑え、二〇〇〇年のＧＤＰ規模は一気に40％増の１兆１９８５億ドルになる。中国はＡＳ

EAN10ヵ国＋韓国とのGDP規模比較を逆転させ、後者の1・17倍となった。二〇〇五年は両者の格差はさらに1・34倍に拡大した。

ロシア経済危機によってもたらされた中露両国の経済力変化は、驚くほど凄まじい。一九七八年は中国の改革・開放政策の導入の年であり、その年の経済規模はわずか旧ソ連の5分の1に過ぎなかった。その後、旧ソ連の崩壊とロシアのショック療法改革の失敗および通貨危機の発生によって、中露のGDP規模逆転が起きた。98年中国の経済規模はロシアの2倍、二〇〇五年はさらに3倍に拡大したのである。

90年代、日本はバブル崩壊で「失われた10年」を経験していたが、これも中国のGDP規模で日本に追いつくチャンスをもたらした。一九九〇年中国のGDPはわずか3878億ドルで日本の3兆1788億ドルに比べ、その8分の1にも至らない規模だった。ところが、日本の「失われた10年」を経て、二〇〇〇年時点の中国のGDPは10年で3倍増を実現でき、日本との格差も四分の一まで縮めることができた。さらに二〇〇八年中国の経済規模は4兆2953億ドルで日本の87・5%に相当する（図14）。アメリカ発金融危機のあおりで、二〇〇九年中国と日本のGDP格差はさらに縮まり、二〇一〇年に日本を上回ることはほぼ確実だ。わずか20年で日中間のGDP逆転が実現するまで来ているのだ。

アメリカの二〇〇〇年ITバブル崩壊、二〇〇八年金融危機発生によって、米中の経済格差も大きく縮小された。二〇〇〇年米国の経済規模は中国の8・2倍。二〇〇八年はそのギャップが3・3倍に縮小（図15）。二〇〇九年は3倍以下になるだろう。

以上述べるように、外部危機は中国にとって、「危機」ではなく、有り難い「好機」である。外部危機発生ごとに、中国の台頭が加速される。これもこれまでの経験則だ。

図14　日本と中国のGDPの比較（単位　億ドル）

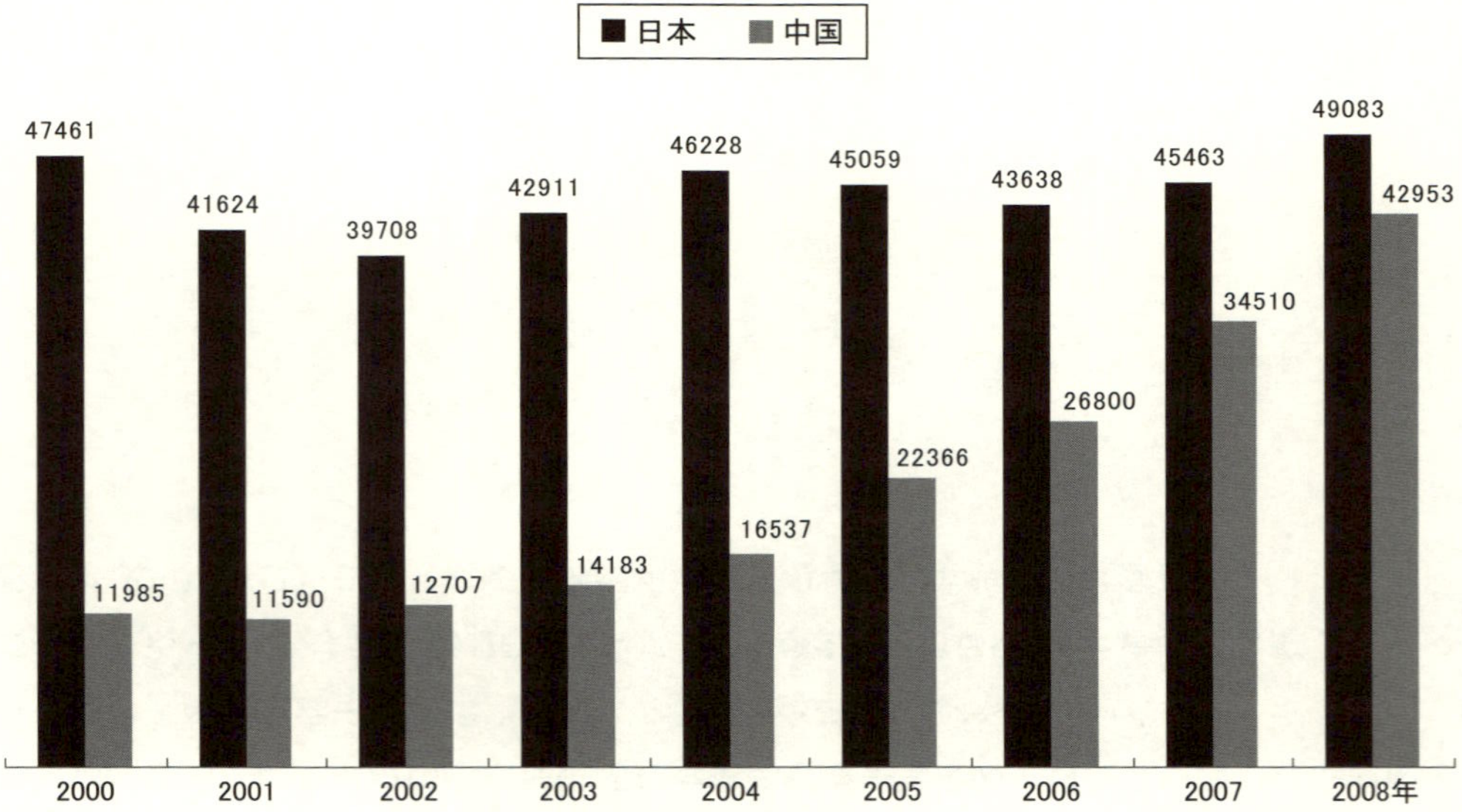

出所）日米中の発表資料により著者が作成

図15　中国と日米の国内総生産(GDP)比較

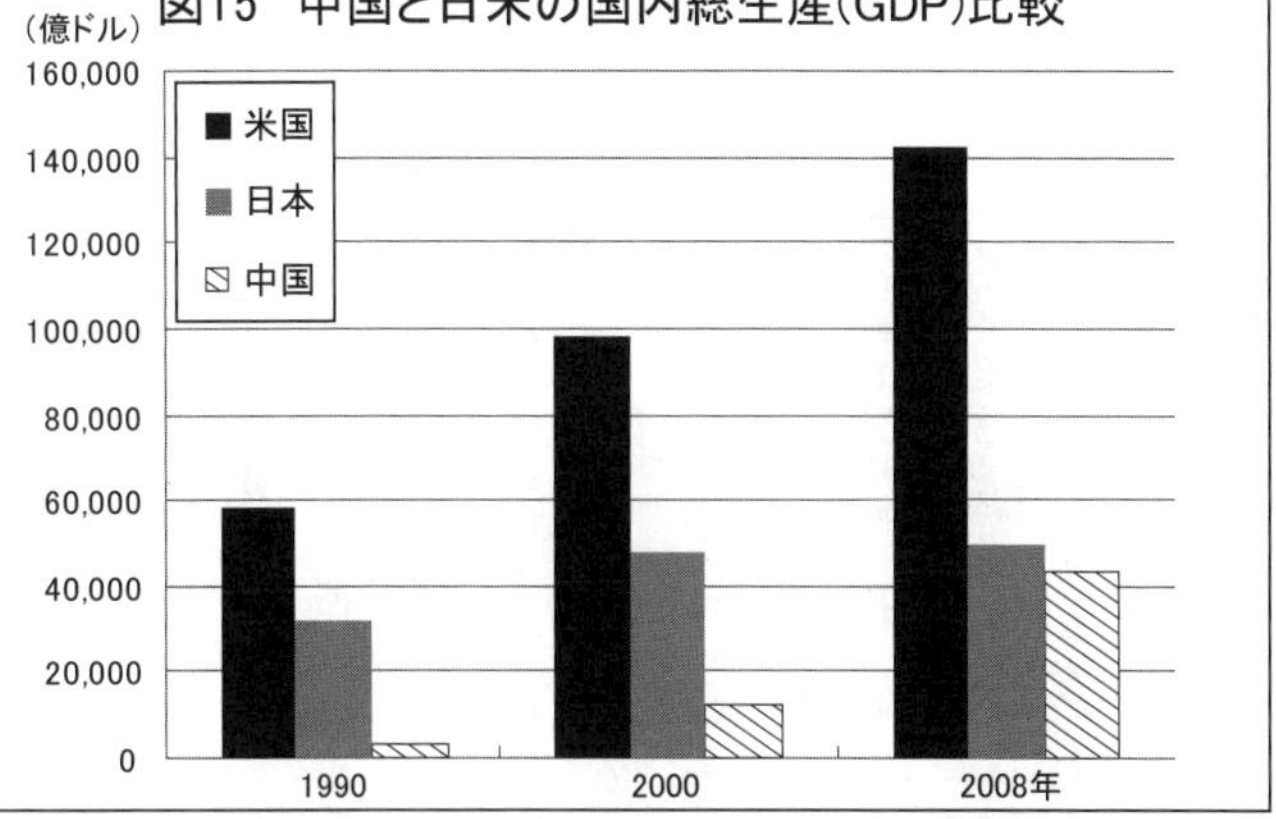

出所）日米中の発表により著者作成

奥が深い中国経済
——「海洋国家」と「大陸国家」の二つの性格

中国が主要国の中で一番先に景気低迷から脱出できる二つ目の理由は、中国経済の奥深さにある。奥が深いということは、つまり中国は「海洋国家」と「大陸国家」という「二つの性格」を持つ国家だということである。

「海洋国家」とは、中国の沿海地域を指す。「大陸国家」とは内陸地域を言う。「海洋国家」でしかない日本と違い、中国は「海洋国家」でもあるし、「大陸国家」でもあるのだ。「海洋国家」は実は、外部危機に非常に弱いのだ。その特徴としては、輸出依存型経済構造を持つ。日本のほか、イギリス、シンガポール、韓国、台湾・香港地域などは、いずれも「海洋国家」であり、外需依存の経済構造を持ち、外部危機の時、ほぼ例外なく大きな打撃を受ける。これは、今回の金融危機で改めて裏付けられたのである。

逆に、外部危機の時、大陸国家のほうが強い。大陸国家はなぜ強いのか。外需への依存度が低く、主に内需に依存しているからだ。中国についていえば、今回の金融危機で一番影響を受けているのは、まさに沿海地域。つまり「海洋国家」のところだ。ところが「大陸国家」である内陸地域は、内需依存度が高いため、相対的に影響が小さい。

中国の地図を見ればわかるように、中国の地理的な特徴は「西高東低」だ。つまり、西部にヒマラヤ山や天山など高い山が数多くあり、東部地域に平原が多い。だが、経済的には地理的な特徴とは逆の「東高西低」現象が続いてきた。これは、東部沿海地域は一番先に改革・開放の政策を導入し、莫大な外資が入っており、貿易も盛んに行われている。まさに「海洋国家」の恩恵を享受してきた。

ところが、今回の金融危機によって、情勢が一変した。経済も「西高東低」となり、地理的な特徴と一致するようになった。私が調べたところ、二〇〇八年、内陸地域の成長率は平均12・3%で沿海地域平均の11・5%より約1ポイント高い（図16）。まさに「大陸国家」という強みが発揮された格好になっている。

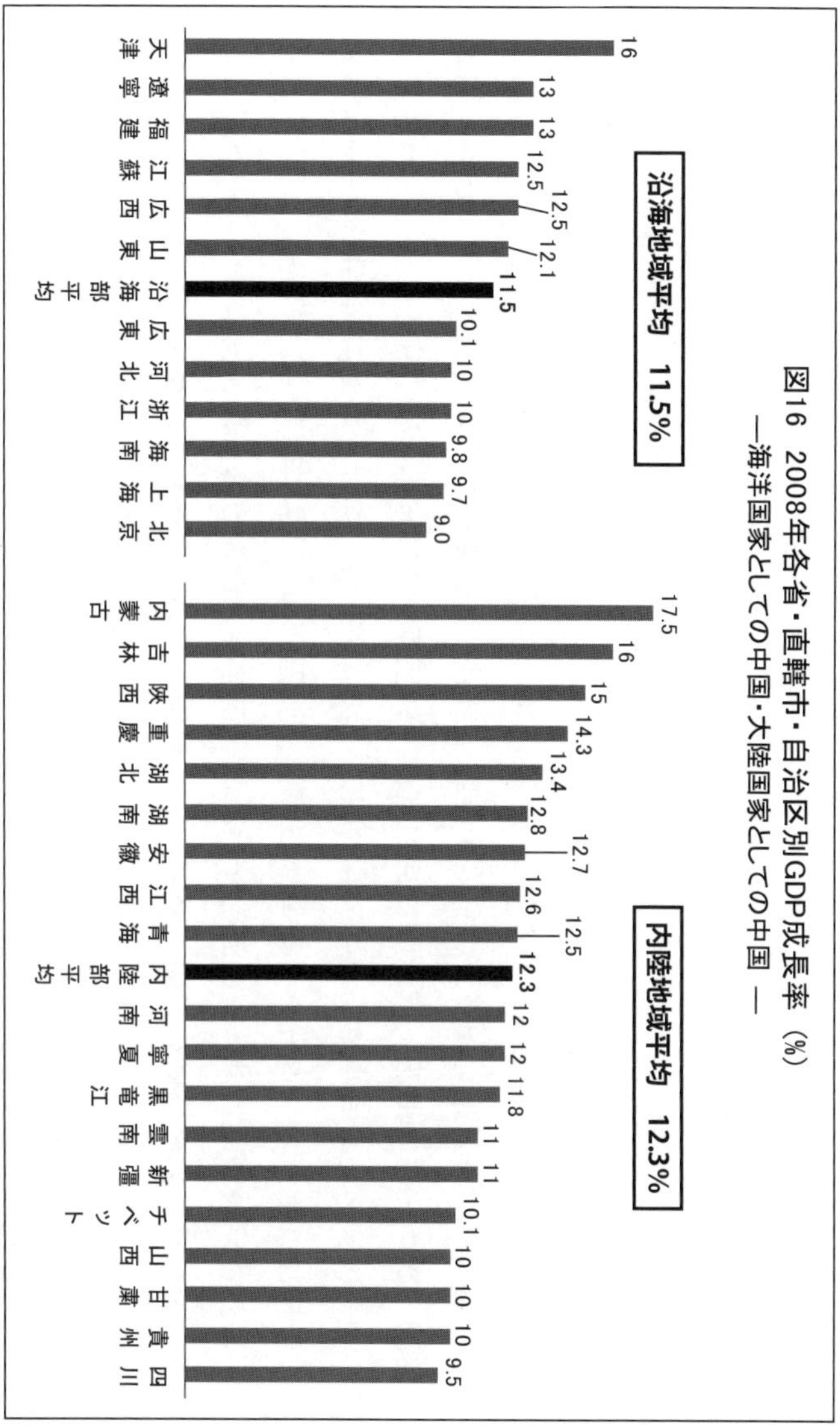

図16　2008年各省・直轄市・自治区別GDP成長率（%）
—海洋国家としての中国・大陸国家としての中国—

出所）各省・市・自治区の発表資料により作成

二〇〇九年は、「西高東低」の特徴は一層鮮明になる。実際、一～六月各地方政府統計局の発表によれば、「海洋国家」地域の上海5・5％、浙江6・3％、広東7・1％、北京7・8％、河北8・7％、福建8・5％成長などに対し、「大陸国家」地域は内蒙古16・2％、四川13・5％、湖南12・6％、重慶12・6％、湖北11・3％など高い成長率を見せている。

二〇〇九年一～六月鉱工業生産の対前年比伸び率を見ると、同じような「西高東低」現象が現れている。全国平均7％に対し、「海洋国家」地域の上海市マイナス5・1％、北京市マイナス1・2％、浙江省0・3％、海南省2％、広東省4・4％、福建省5・8％と、全国平均を大きく下回っている。一方、「大陸国家」地域の四川省20％、内蒙古18・6％、湖南省17・4％、江西省14・8％、重慶市13・7％、湖北省12・5％など、全国平均より遥かに高い。二〇〇九年、「大陸国家」中国の強みは一層発揮されることは間違いないだろう。

問題視される中国のGDP統計

ただし、中国の統計データ、特に各地方の統計データを見て、一つ気を付けなければならないのは、その信憑性と精度の問題である。

各省・直轄市・自治区地方政府のデータを見ると、中国の二〇〇八年の成長率は、11・5%以上になるはずだ。ところが、中国政府の発表では、二〇〇八年の成長率は9%。2・5ポイント以上のギャップが生じている。二〇〇九年も同じ現象が起きている。各地方政府が発表した一～六月期のGDP数字を合計すれば、成長率は12%超で、中央政府の発表した7・1%成長より5ポイント多い。各地方のGDP合計は15兆3769億元にのぼり、中央政府の発表した数字よりなんと1・4兆元多い。これは一体どういうことなのか。

私見であるが、少なくとも地方政府の発表には、水増し分があると思う。われわれは中国のGDP統計を読む時には、次の三つの問題点を頭に入れておかなければならない。

まず一つ目は、統計手法は、中国が日米欧など先進国と違う方法をとっている点。中国は主に生産法を中心とする統計手法。日本、アメリカ、ヨーロッパ先進国では主に支出法をとっている。生産法は、在庫になるかどうかは別として、どのぐらい製品をつくっているかがGDP成長率に計上される。日・米・欧先進国では、どのぐらい支出しているかをGDP成長率に計上する。客観的に見れば、統計手法としては、生産法より支出法は精度が高い。

二つ目は、統計の比較対象が違う。今、日本、アメリカ、ヨーロッパの先進国では、大体、GDP成長率統計は前期比がほとんどである。例えば日本の内閣府は二〇〇九年第2四半期

（四〜六月）のGDP成長率が前期比プラス0・6％、年率換算でプラス2・3％と発表しているが、これは第1四半期（一〜三月）に比べての数字である。つまり3ヵ月間隔の比較だ。一方、中国が採用しているGDP成長率統計は、前年同期比である。例えば、中国政府は二〇〇九年第2四半期（四〜六月）のGDP成長率が前年同期比7・9％と発表されているが、これは二〇〇八年四〜六月期に比べての伸び率である。

要するに、前年同期比は一年間隔の数字で、前期比は3ヵ月間隔の数字だ。最近の動きを正確に把握するには、前年同期比の数字はやはり前期比の数字より遜色がある。このため、中国の政府高官は、いま前年同期比しか発表しないが、二〇一〇年からは前年同期比のほか、前期比も発表すると表明している。

三つ目は精度の問題。厳しく言えば、地方統計の水増し問題である。中国では、GDP成長率は、地方政府のトップの業績に繋がり、出世できるかどうかを左右する。GDP統計数字が、自分の実績に繋がるようなやり方を持っている地方政府が決して少数ではないと思われる。

例えば、私が二〇〇九年四月の出張で聞いた話は、ある市の財政収入に関する統計データがいかに人為的に操作されているかを物語っている。この市の二〇〇八年の財政収入は、実は前の年に比べて4割も増加した。しかし、4割増加をそのまま統計に入れれば、翌年はさらなる増加が難しくなる。そうすれば、この市の財政局長の出世に影響することになるので、二〇〇八年の増加率を20%にして、残る20%は次の年に計上することにしたのである。

二〇〇九年の中国のGDP成長率の統計データについて、アメリカの「ワシントンポスト」紙は、「前半の厳しさの水増し分」と「後半の過大評価の水増し分」の両方は「要注意」と指摘している。「前半の厳しさの水増し分」とは、実際の景気はそんなに厳しくないが、各地方政府は皆、自分のところは厳しい、厳しいと言うことを指している。これは、中央政府から景気対策の資金をもらうため、またはプロジェクトの許認可をもらうためだ。「後半の過大評価の水増し分」とは、後半になると、成長率を高く評価することを言っている。これは自分の業績になり、出世にも繋がるものだ。GDP成長率は、地方幹部が出世するかどうかの最重要の要素となっている。今の中央執行部メンバーの顔ぶれを見ればわかるように、経済成長の実績があるところから抜擢された人たちがほとんどである。

もちろん、GDP統計の精度について、どの国も100%正確というところはない。しかし、GDP統計は経済情勢の最も重要な判断材料であり、政府首脳の政策決定にも大きな影響を及ぼす。正確な統計数字は政府の正しい政策決定に役立つが、逆に不正確な統計は政府の判断ミスにも繋がる。十年前、二十年前に比べれば、中国の統計数字の信憑性も精度もかなり改善してきたことは事実だが、日・米・欧先進国に比べれば、中国統計の信憑性と精度問題にはまだ課題が残っている。これは改善すべきところである。

大型景気対策の効果

中国が一番先に景気回復を実現できる三つ目の理由は、中国政府の大型景気対策にある。景気対策による内需喚起の効果は実際、既に出始めている。

二〇〇八年十一月五日に中国政府が打ち出した大型景気対策は、4兆元（57兆円相当）規模に上り、次の10項目が含まれる。

（1）低所得者向け安価な住宅の建設
（2）農村のインフラ整備の加速
（3）鉄道・道路・空港など交通インフラの整備
（4）医療衛生・文化教育事業の発展の加速
（5）生態環境整備の強化、都市部の下水・排水・ゴミ処理施設の建設、河川流域の水質

汚濁対策の充実、省エネ・CO2排出削減事業の支援

(6) イノベーションと経済構造の改革、ハイテク産業化と産業技術の進歩、サービス業発展への支援

(7) 大地震被災地の復興事業

(8) 都市部と農村部の住民の所得引き上げ

(9) 減税措置の実施

(10) 金融緩和の実施、商業銀行の貸出総量規制の撤廃など

上記10項目のうち、最も即効性があるのは、大規模な公共投資を伴う高速鉄道建設を中心とする交通インフラの整備、安価な住宅の建設、大地震被災地の復興事業、減税措置など4項目である。これらの公共投資は中国企業のみならず、日本企業もその恩恵を受けている。

大型景気対策の需要喚起の効果は既にリアルに出ている。たとえば、鉱工業生産指数。二〇〇九年一～六月期は前年同期に比べ7%増加となり、伸び率は一～三月期より2ポイント高い。粗鋼生産量は、景気の回復を裏付ける重要な数字だ。図17に示す通り、主要国のほとんどは大幅な減少が強いられているなか、二〇〇九年一～八月中国の粗鋼生産量は前年同期に比べ5・2%増の3億6965万トンと、一～八月期として過去最高だった。特に、同年

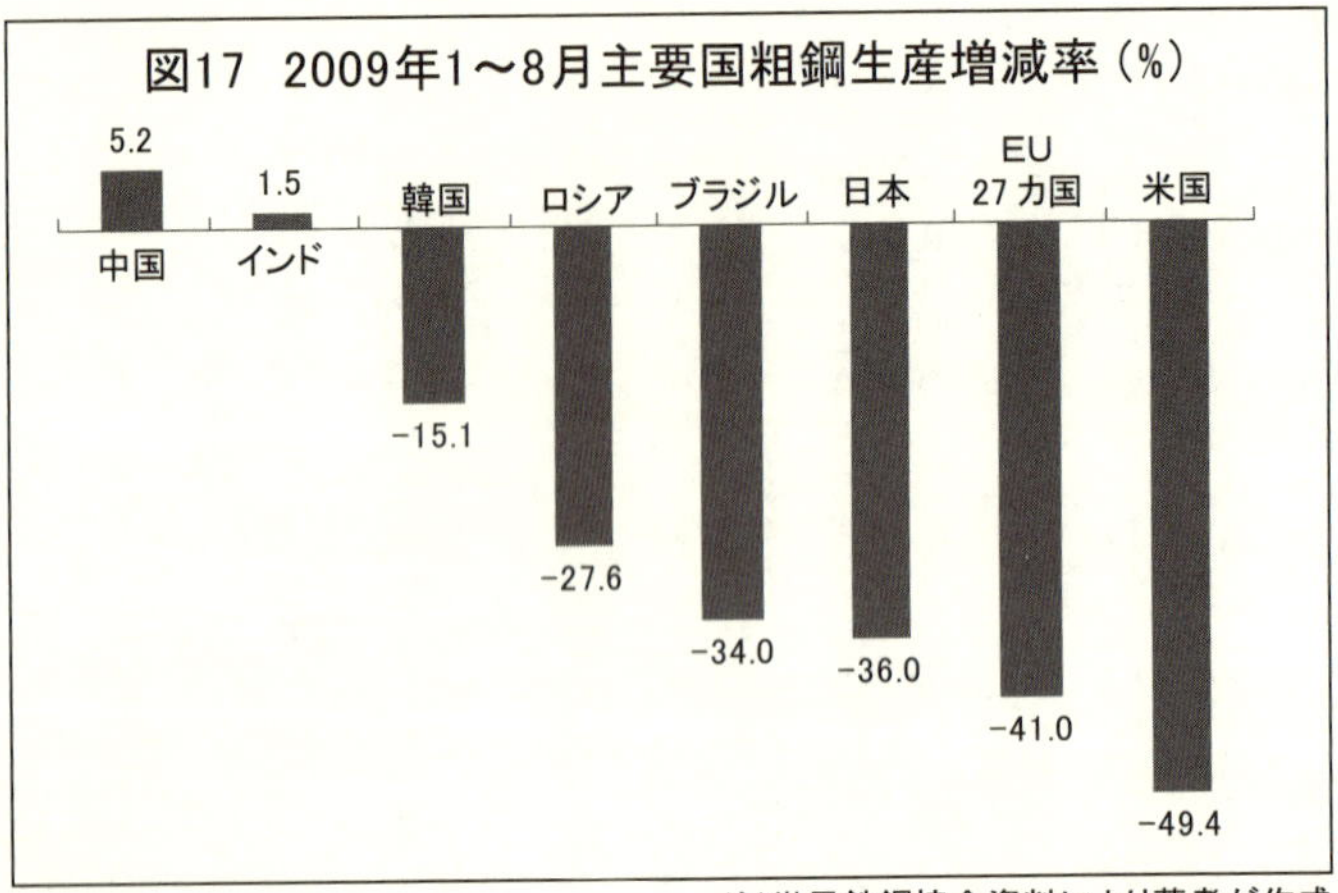

注）世界鉄鋼協会資料により著者が作成

八月の中国粗鋼生産量は前年同月比22％増の532万トンにのぼり、世界全体の49・1％をも占めた。その背景にはインフラ建設の旺盛な需要がある。

電力消費も二〇〇九年六月からプラスに転じたのである。そのほか、自動車の生産台数と販売台数は1～6月期いずれも600万台を超え、史上最高を記録した。年内に、アメリカを凌ぎ世界最大の自動車消費大国になるのはほぼ確実となっている。

好調な投資と消費に支えられ、二〇〇九年一～三月の成長率は前年同期比6・1％増と、底打ちが確認された。四～六月期から景気が好転して、成長率が7・9％にのぼり、景気回復を目指す主要国の中で、中国は一番先頭を走っている。二〇

図18　IMF10月発表の主要国　2009年成長率見通し（%）

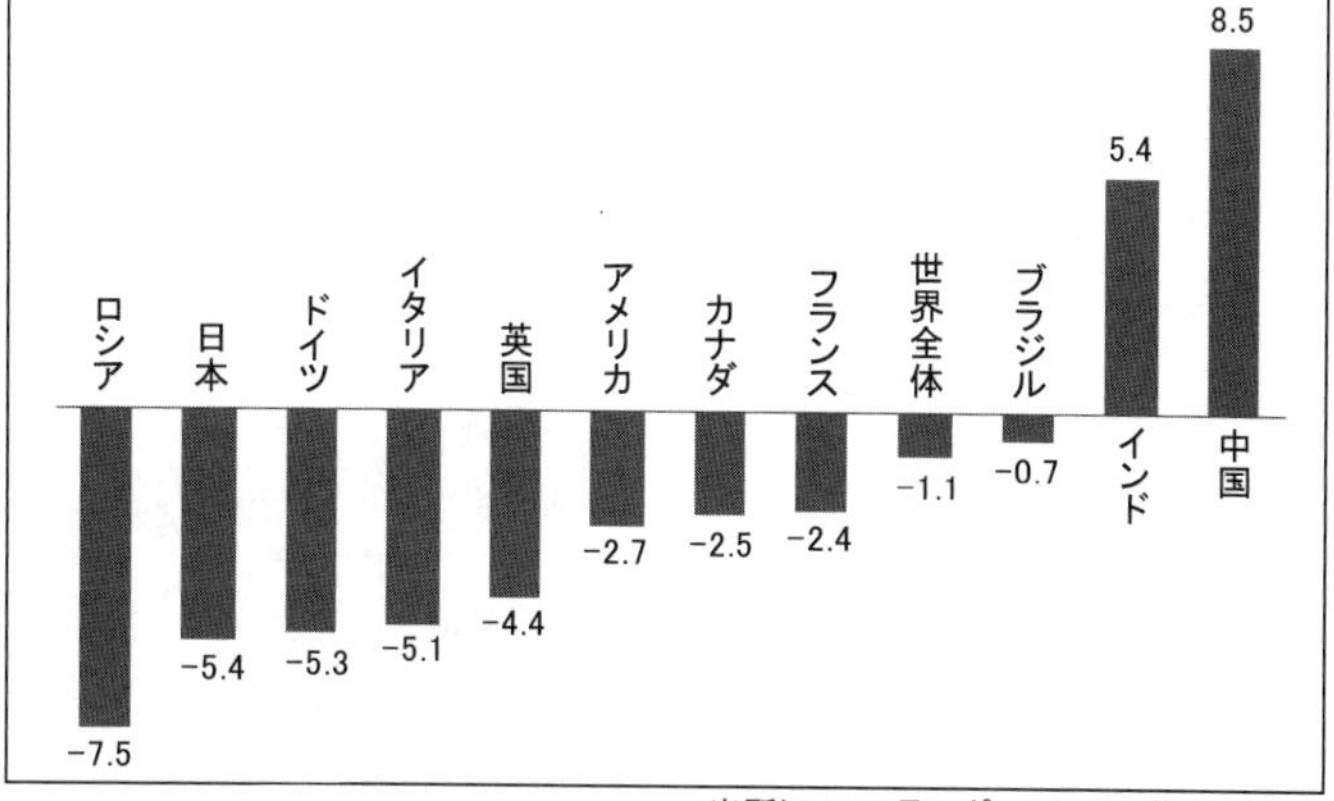

出所）IMF10月レポートにより著者が作成

〇九年後半からは本格的な景気回復に入り、通年の経済成長は悪くても7％台、良ければ8％成長が実現されるのではないかと、私は見ている。国際通貨基金（IMF）も最近、中国の成長率を8・5％に上方修正したのである（図18）。

中国は一番先に景気低迷から脱却することは、景気後退に喘ぐ日米欧諸国にとっては、朗報にほかならない。二〇〇九年、中国はアメリカに代わり、世界経済の最大のエンジンになることもほぼ確実となる。

3章　現地レポート――活気が戻る中国の株式・車・不動産三市場

甦った落ち着きと期待感

中国経済の最新情勢と市場の最新動向を把握するため、二〇〇九年四月に上海、浙江省の寧波、経済特区の深圳、広東省の省都である広州など4都市、八月には北京、上海、寧波、温州など4都市をそれぞれ回ってきた。

二〇〇八年末、中国でも「百年に一度」と言われる金融危機に対する国民の恐怖感、不安感が充満していた。

しかし、二〇〇九年四月と八月、私は2回にわたり現地調査に行った時に、目に入るのは町の人々の明るい表情だった。前年末とは全く違う表情であった。恐怖感と不安感は後退し、落ち着きや期待感が出ているというのが私の中国視察の実感だ。

この落ち着きと期待感の具体的な現れは、まさに株式市場、車市場、不動産市場という三つの市場に活気が戻りつつあることである。次に、2回の現地調査の結果を踏まえて、株式、車、不動産という三つのマーケットの最新動向を報告する。

主要国中最大の上昇率を記録した株式市場

まず一つ目は株式市場。二〇〇九年六月末時点で、上海総合株価指数は２９５９・４と、年初来の上昇率は62・５％にのぼり、主要国の中で一番高い伸び率を記録した。

さらに、七月末時点３４００の大台を突破し、３４１２・06に達した。年初来の上昇率はなんと87・４％と、株価が急騰しているわけだ（図19を参照）。

では、なぜ株価が急騰しているのかというと、次の三つの理由がある。一つ目の理由は、二〇〇八年の下がり過ぎに対する反動だ（図20を参照）。つまり、自律反発の側面がある。

二つ目は、やはり政府の景気対策に対する市場の期待感が高まっている。今回、中国政府は金融危機に迅速に対応し、大規模な景気対策を一番早く打ち出した。しかも、効果も出始めている。株価は景気の先行きに対しては非常に敏感であり、経済の行方を先取りする側面がある。二〇〇九年の中国の株価高騰は、ある意味では、投資家たちおよびマーケットが、中国経済の先行きを楽観視し、政府の対応も評価している結果ともいえる。

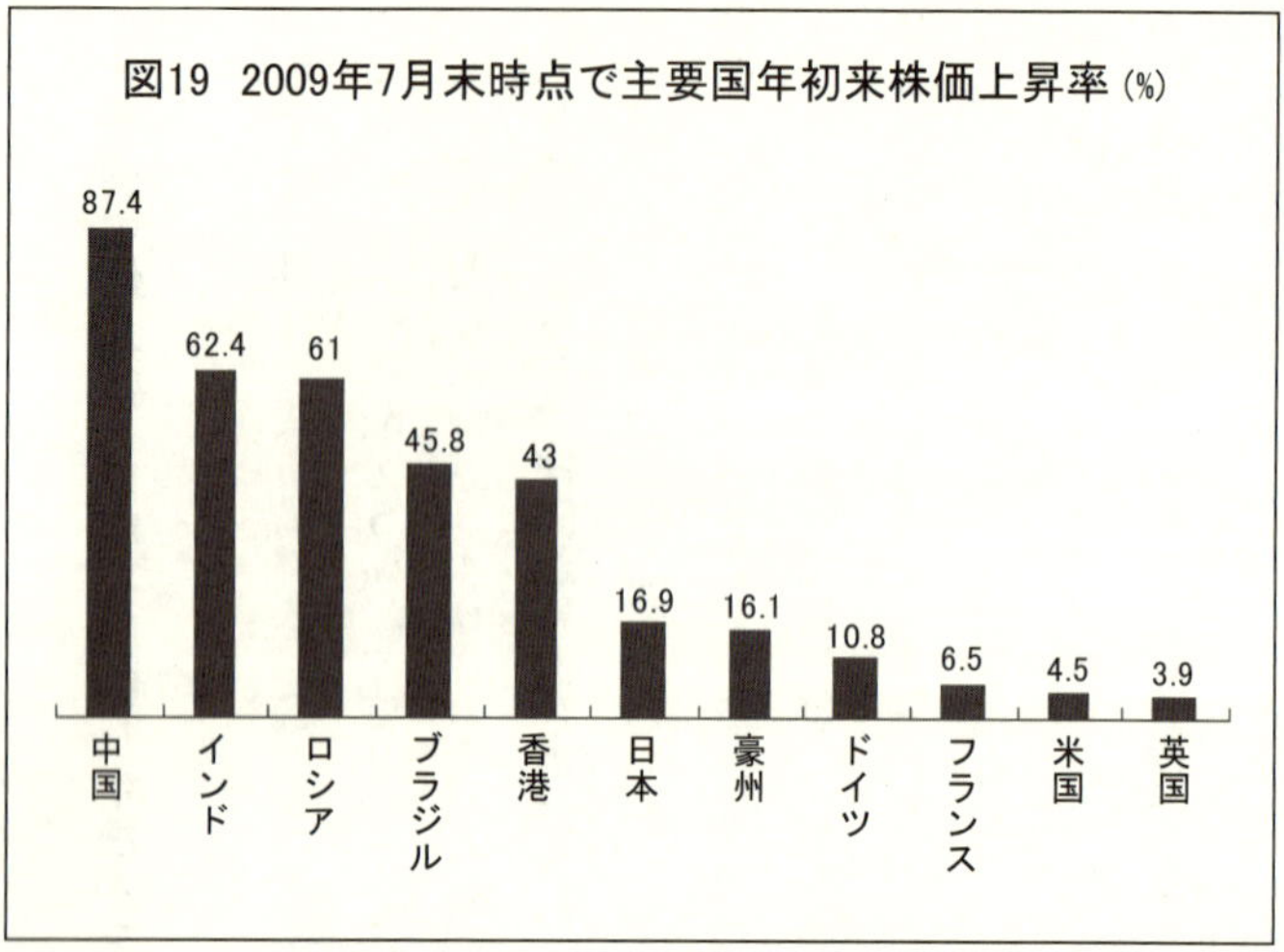

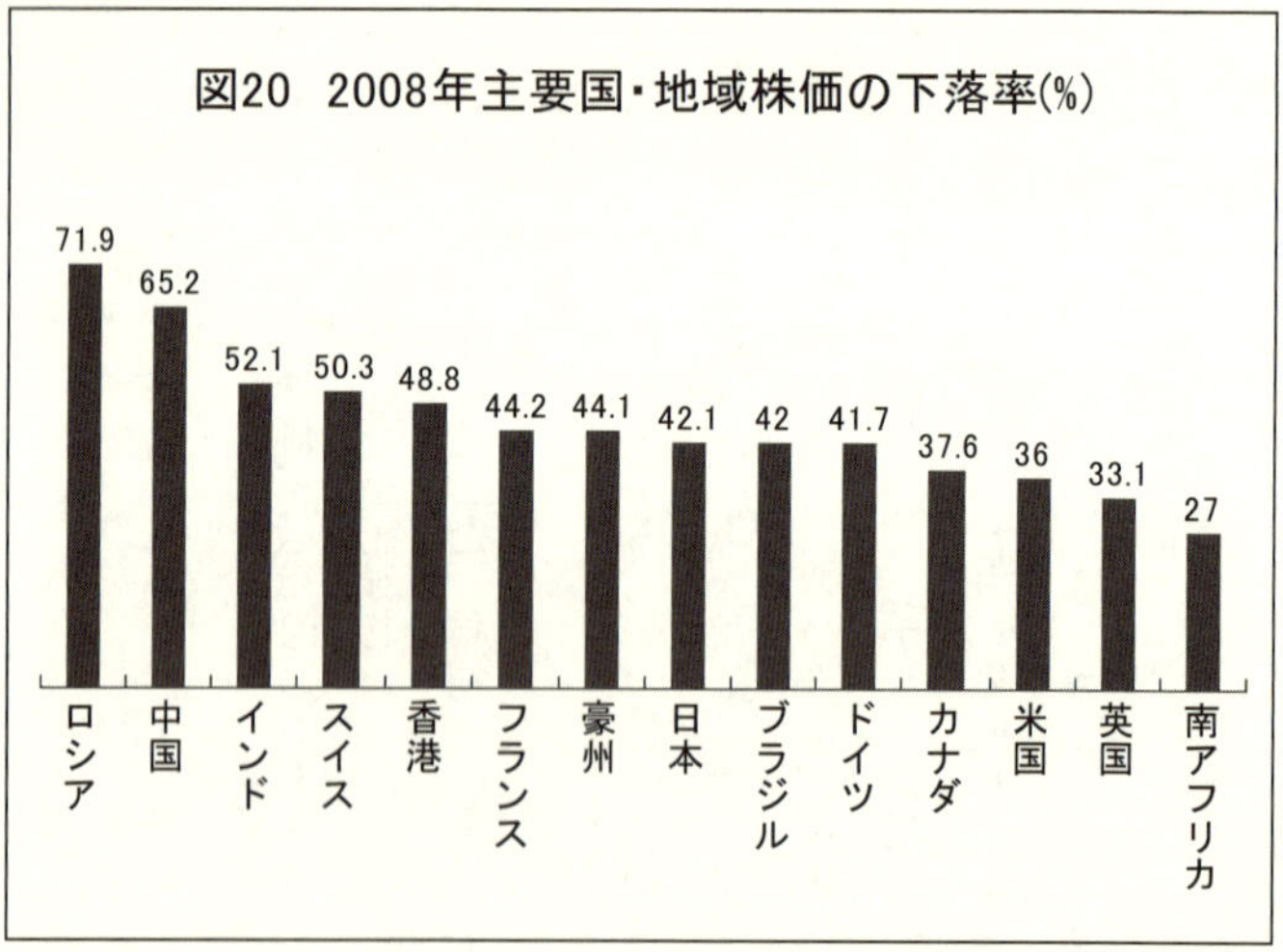

出所）図19・20ともに各国の株価情報に基づき著者が作成

三つ目の理由は、金融緩和による流動性の改善にある。二〇〇九年一～四月、銀行からの新規貸し出し総額は5兆元を超える。二〇〇八年一年間の銀行からの貸し出し総額は5兆元弱なので、二〇〇九年僅か4ヵ月間で昨年通年の実績を上回った結果となる。大量の資金が市場に流れ込み、その一部は株式市場に流れたわけだ。流動性の改善は株価の上昇につながっている。

株価の上昇は個人消費を刺激し、実態経済へのプラス効果も期待される。

バブル再燃に要注意

それでこれから中国の株価はどうなるか。私見だが、ここで三つのポイントを簡単に説明する。

まず一つ目は、二〇一〇年までの中国の株価は、底割れの恐れがない。底は前年十一月四日の上海株価総合指数1706ポイントだ。それを割ることは100％ない。

二つ目。二〇〇九年の高値圏は3500ポイント前後だろう。七月三十一日時点で、上海総合株価指数は既に3412ポイントに達したので、二〇〇九年はこれよりさらに大幅に上昇する余地は少ないと見ていい。

ただし、二〇一〇年に、上海万博とスポーツの広州アジア大会の開催があり、本格的な景気回復は軌道に乗る確率が高い。株価も上昇気流に乗り、4000を突破することも視野に入るだろう。

三つ目。今後、要警戒なのは、株価の値下がりではなく、株価が上がり過ぎることだ。株価が暴騰すれば、またバブルが形成される。バブルが膨らめば、またはじける。投資家たちは中国の株式バブルの再燃に気をつけなければならない。

実際、二〇〇九年八月に入ってから、株価の調整局面が続く。八月四日、上海株価総合指数が3471・4という年初来の高値をつけた後、株価の下落が始まり、八月三十一日についに2667・7に戻ってしまった。七月末の株価水準に比べ、わずか1ヶ月で22％も下落した。多くの個人投資家にとっては、まさに地獄の八月だ。

中国ではもともと博打が好きな人が多い。現在、多くの個人株式投資家は長期的投資の目的ではなく、短期的投機の目的で株をやっているのだ。「投資家」というよりはむしろ「投機家」の性格を持っている。そのため、中国の株価変動は激しい。値上がりも早いし、値下がりも早い。バブルが形成されやすい一方、はじけるのも容易なのだ。

二〇一〇年五月、上海万博開催というビッグイベントが予定される。中国全土が盛り上がるはずだろう。株式市場もバブルが形成されやすい環境下にある。日本の投資者たちは慎重に判断し、中国の株式バブルの再燃に気をつけなければならない。

活気溢れる自動車市場

活気が戻りつつある二つ目の市場は、今、世界に最も注目される自動車市場である。読者の皆さんも多分テレビでご覧になったと思うが、二〇〇九年四月、上海で国際モーターショーが開催され、完成車と部品メーカーの合計で史上最多の1500社にのぼった。実際の新車販売台数も上海国際モーターショーの熱気に比べ、勝ることがあっても劣ることはない。三月111万台、四月115万台、五月112万台、六月114万台、七月108万台、八月113万台と、中国の新車販売台数は6ヵ月連続で100万台を突破している。国際比較では、二〇〇九年一月からアメリカの新車販売台数を連続7ヶ月上回っている。一～七月の累計新車販売台数は前年同期比約23・4%増の718万台にのぼり、アメリカの580万台（33%減）より138万台も多い。ちなみに、日本の二〇〇九年一～七月期の新車

図21 2009年度　日米中自動車販売台数の比較（単位:万台）

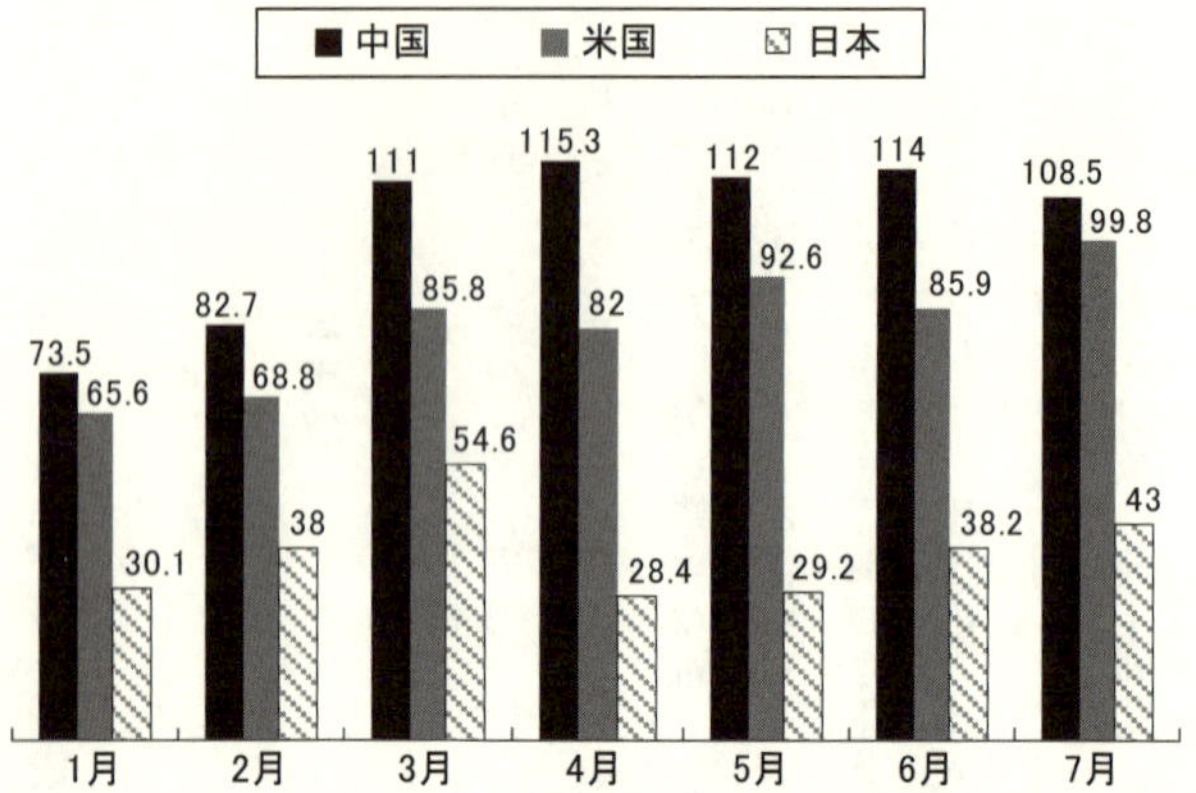

注）2008年の販売台数は米国1324万台、中国938万台、日本511万台
出所）中国、日本、米国の発表資料により著者が作成

販売台数は前年同期比19・8％減の261・7万台にとどまっており、中国の三分の一強に過ぎない（図21）。市場の大きさの格差が歴然である。

二〇〇九年の世界の新車販売は二〇〇八年に比べ14％減の5500万台程度になる見通しに対し、中国は17％増の1100万台を超えて、世界最大になることが確実視されている。言い換えれば、世界で生産される5台のうち1台の新車が中国を走っている。世界における中国市場の存在感は際立つ。

中国自動車減税の最大の受益国は日本

新車販売の追い風となっているのは、政府の景気対策の中の減税措置である。二〇〇九年の年初から、年内限定の自動車購入の減税措置が実施され、排気量1・6リットル以下の小型車を購入する消費者たちは、10％の税が半減される。これまで自家用車の保有台数が少なかった農村部と内陸地域は特に、この減税措置から恩恵を受ける。

この期限付き減税措置の恩恵を受け、新車販売は二〇〇九年三月から増加に転じた。最初は小型車の販売が拡大し、その後、徐々に中型・大型車の販売にも波及している。中国自動車工業協会の統計によれば、二〇〇九年一～八月、乗用車販売は447万台にのぼり、前年同期に比べ32・7％増えた。伸び率はバス、トラック、スポーツ車を含む全車販売（29・2％増）より3・5ポイント高い。単月で見ると、八月の乗用車販売は62・9万台で、前年比82・6％も伸びた。伸び率は全車販売より1ポイント高い。やはり小型車の貢献が大きかった。

中国政府の減税措置は国産車のみならず、外国車の販売にも恩恵を与えている。諸外国のうち、一番大きな恩恵を受けているのは、まさに日本の自動車メーカーである。二〇〇九年

図22　2009年1～6月中国乗用車国別市場シェア

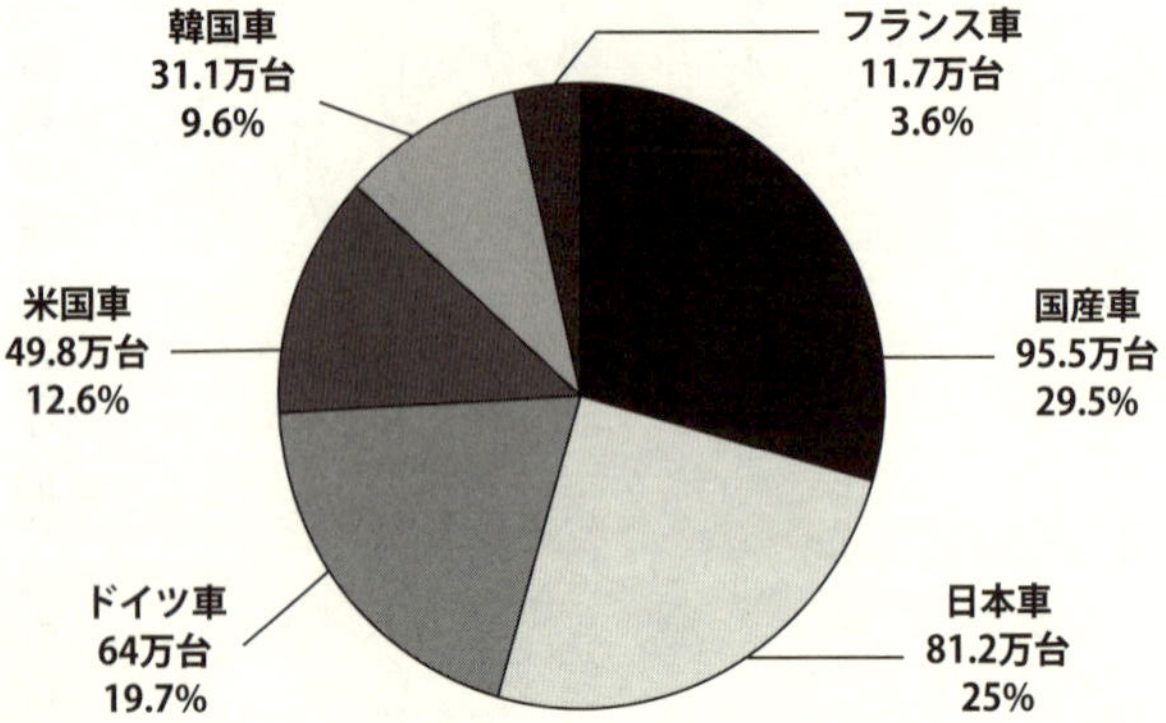

出所）中国自動車工業協会の発表資料により著者が作成

上半期、乗用車販売324万台のうち、日本車は81万台にのぼり、全体の25％を占める。この比率は国産車の29・4％には及ばないが、ドイツ車の19・7％、米国車の12・6％、韓国車の9・6％、フランス車の3・6％より遥かに大きい（図22）。好調な中国市場はいま、日本自動車メーカーの「救世主」ともなっている。

日産は大躍進、マツダは「日中逆転」

中国で思わぬ大躍進を実現できたのは日産自動車だ。二〇〇九年一～六月、同社の中国での乗用車新車販売は対前年比41％増と日系メーカーで最大の伸び率を見せた。日産の大躍進の理由は二つある。一つは日産の現地法人である東風日産（中国東風自動車との合弁会社）は取り扱う8車種のうち、6車種は減税対象となり、同業他社よりも数が多い。もう一つは東風日産の販売網は、中国の沿海地域より内陸地域のほうに多いことである。保有台数が少なかったため、内陸部の市場の拡大も顕著なのである。日産の幸運ぶりが目立つ。

マツダも負けていない。二〇〇九年四～六月の中国での新車販売台数は前年比26・8％増の4万1279台。一方、日本国内の新車販売台数は同24・7％減の4万868台。中国販売は国内販売より411台多く、四半期としては初めての「日中逆転」となった。日本国内の新車販売の不振が続き、先行き不透明感が強まる中、マツダの中国での勢いが続けば、通年でも中国での販売台数が国内販売を上回る可能性が出てくる。

富士重工業の中国での新車販売も好調だ。一～六月の販売台数は前年比7割近く増えている。特に好調なのは、販売台数の9割を占めるSUV（スポーツ用多目的車）である。一～六月の販売は前年比67％増の1万3100台にのぼった。そのため、富士重工は中国国内の販売店を年内には100店舗まで増やし、二〇〇九年の年間販売計画も従来の2万3000台から約2割増の2万8000台に上方修正する方針を明らかにした。

中国進出の先発組であるホンダは上半期の販売増加を受け、中国での二〇〇九年の年間販売目標を従来の52万台から55万台に引き上げる方針を発表した。

このほか、二〇〇八年十二月から中国でずっと苦戦が続いてきたトヨタ自動車も、二〇〇九年五月に久しぶりに朗報が出た。同月の新車販売台数は前年同月比16・8％増の5万100台に達した。

二〇〇九年上半期、日本自動車産業の国内生産332万台、国内販売218万台と、前年同期に比べてそれぞれ45・2％減、21％減を記録し、8年ぶりのダブル減少となっている。国内市場の回復に時間がかかる中、自動車各社は一斉に対中国事業を拡大し、中国への依存が一層強まりそうである。

明暗を分けた上海GMとGM本体

もちろん、中国政府の減税対策から恩恵をうけているのは、日本メーカーだけではない。欧米メーカーも同じだ。例えば、米ゼネラル・モーターズ（GM）と独フォルクスワーゲン（VW）である。

二〇〇九年六月、アメリカ自動車最大手のGMはクライスラに続いて、経営破綻に陥り、日本の民事再生法に相当する米連邦破産法11条を適用して会社破産を申請した。いまは経営再建中である。

一方、GMの二〇〇九年一～六月期の中国での販売台数は過去最高の81万4400台を記録し、前年に比べ38％も増えた。販売増に貢献したのは、GMの中国現地法人・上海通用（通称上海GM）である。その主力のブランド車種「ビュイック」が34％増と販売拡大に成功した。さらに上海GM五菱汽車（広西チワン族自治区）は二〇〇九年上半期の販売台数は同49・9％増の52万4600万台と急増。同社は小型商用車が主力。小型車の購入にかかる税金を半額にし、農村部で販売する小型車に補助金を出すといった政府の景気対策の追い風を受けた形となっている。経営破綻したGM本体、史上最高を更新した上海GM。親会社と現地子会社はこうして明暗を分けている。

欧州自動車最大手のドイツVWは二〇〇九年上半期の販売台数は前年同期比で4・4％減っている中、中国での販売は22・7％増の65万2000台にのぼる。ドイツでの販売台数は63万3000台なので、中国での販売台数は初めてドイツ本土を追い抜いた。

拡大する中国市場は、まさに各国の自動車メーカーの「救世主」となっているのだ。

車の普及率は米国80％、日本60％、中国5％

中国の新車販売の急増は、減税措置が追い風となることは確かだが、その底流には国民の豊かさの向上がある。

各国の経験則によれば、一国の一人当たりGDPが3000ドルを超えれば、モータリゼーションの時代が幕を開ける。例えば日本と韓国である。

日本は一九七三年、韓国は一九八三年に、それぞれ一人当たりGDPが3000ドルを突破した。以降、マイカーは中間層を中心に急速に普及し始め、モータリゼーションの時代に突入した。

中国は二〇〇八年、一人当たりGDPが3000ドルを超えて3495ドルに達した。ちょうどモータリゼーションの入り口に入った段階だ。今年、自動車販売台数はアメリカを凌ぎ世界一になる確率が高いが、保有率がまだ極めて低い。普及率でいえば、アメリカではすでに80％。つまり100人に80人が車を持っている。日本では100人に60人が車を持っている。中国では、100人にわずか5人しか車を持っていない。潜在力が非常に大きいので、マーケットとしての魅力も格段に大きい。そのため、日本をはじめ各国の自動車メーカーは今、中国で熾烈な市場争奪戦を行っている。「勝ち組」になるか、それとも「負け組」になるか、その中国戦略がメジャーたちの勝敗のカギを握っている。

不動産価格もプラスに転じる

活気溢れる三つ目の市場は不動産市場だ。

私が二〇〇九年四月に現地調査に行く前、中国の不動産市場はバブルが崩壊したままではないかというイメージを持っていた。しかし、現地に行くと、実態は違う。中国の不動産市場も活気が戻りつつあるのだ。

四月に現地に行った時、不動産価格の下落が続いていたが、販売面積は拡大しており、契約件数が増えている。バブル崩壊の懸念は後退する形となっていた。同年八月に再び上海、北京など大都市に行くと、今度はバブルの崩壊ではなく、バブルの再燃を懸念する声さえ聞こえている。情勢の変化の速さに、本当に驚いた。

実際、二〇〇九年六月から中国の不動産価格は前年比でプラスに転じた。同月、中国70主要都市の不動産価格指数は0・2%と6ヵ月ぶりにプラスに転換し、不動産市場の回復が広範囲に及んでいることがわかる。リーマン・ショック後の落ち込みで販売側と購入側の痩せ我慢比べという状況が続いている中、市場が一気に動き始めた実感がある。これは前年比だが、前月比の場合、二〇〇九年三月から既に4ヵ月連続でプラスになっている。都市によっては経済特区の深圳市のように、二〇〇八年年末から20%近く上昇しているケースもある。

不動産価格がプラスに転じたほか、販売面積と販売金額を見ても、不動産市場の回復と活気は本物であることが確認される。二〇〇九年一~六月、全国70主要都市の住宅販売面積は前年比31・7%増、販売金額は53%増となっている。

上海市は二〇一〇年万博の開催予定地であり、同市の不動産市場はヒートアップしている。地元の新聞によれば、一戸建て住宅を取り扱うある不動産業者は、僅か2ヵ月で70戸も販売したという。物件の価格は、600万~700万元、円換算で8400万円~9800万円に相当する。中国では高価格帯にあり、富裕層中心に旺盛な買い意欲が示されている。上海市の人口は毎年数十万人がほかの地方から流入している。人口流入の住宅需要を満たすため、年間約30万戸が必要である。しかし、実際供給できるのは半分しかない。この需給アンバランスは、投資家に注目され、結果的には不動産価格の上昇につながっている。上海市の不動産価格の上昇傾向は、暫く続きそうである。

過剰流動性のリスクは要警戒

車と住宅は個人消費分野の二大商品である。一台の完成車には1万点の部品が必要となり、鉄鋼、非鉄金属、プラスチックなど原材料も必須である。車を走らせるには道路の整備、駐車場、ガソリンスタンドなどの整備が不可欠である。販売の時は自動車ローンも必要だ。雇用と経済への波及効果は絶大だ。

住宅は誰でも必需なものである。住宅を建設するには、鉄筋、アルミ、セメント、ほかの建築材料、家具と家電製品などが必要であり、購入時の住宅ローンも付きもの。内需喚起には、住宅消費の拡大が欠かせない。

中国の株式、車、不動産という三つの市場はいずれも活気にあふれ、内需拡大につながり、経済成長を支えている。この3市場の好調は日本を含む世界各国にとってもいい話だ。

しかし一方、3市場の好調ぶりの影に隠れているリスクも見落としてはいけない。それは過剰流動性の問題である。

図23に示す通り、金融機関からの貸し出し資金は、二〇〇九年一月1兆6527億元、二月1兆7116億元、三月1兆8900億元、四月5900億元、五月6600億元、六月1兆5304億元。6ヵ月合計で7・4兆元にのぼり、二〇〇八年通年の5兆元弱を遥かに上回った。二〇〇九年通年は10兆元を超えて史上最高の記録を更新し、「天量資金」と言われる。

では、巨額な資金はいったいどこに流れたか？　政府系シンクタンクの国務院発展研究センターの魏加寧氏によれば、約50％の資金が株式市場、金融市場及び不動産市場に流れ込んだという。こうした「天量資金」は、株価と不動産価格の急騰をもたらし、バブルの再燃を懸念する声が上がっている。

投資家にとっては、こうした過剰流動性の問題に二つのリスクが潜んでいる。一つ目は、中国政府は景気刺激のための金融緩和政策を続行し、過剰流動性の問題を放置すれば、将来、株式も不動産も再びバブルが崩壊する。二つ目は仮に、中国政府が過剰流動性を問題視し、是正措置を取れば、株価や不動産価格の調整が避けられない。どっちにしても、投資家自身の判断が迫られる。

図23　中国金融機関新規貸出金額の推移

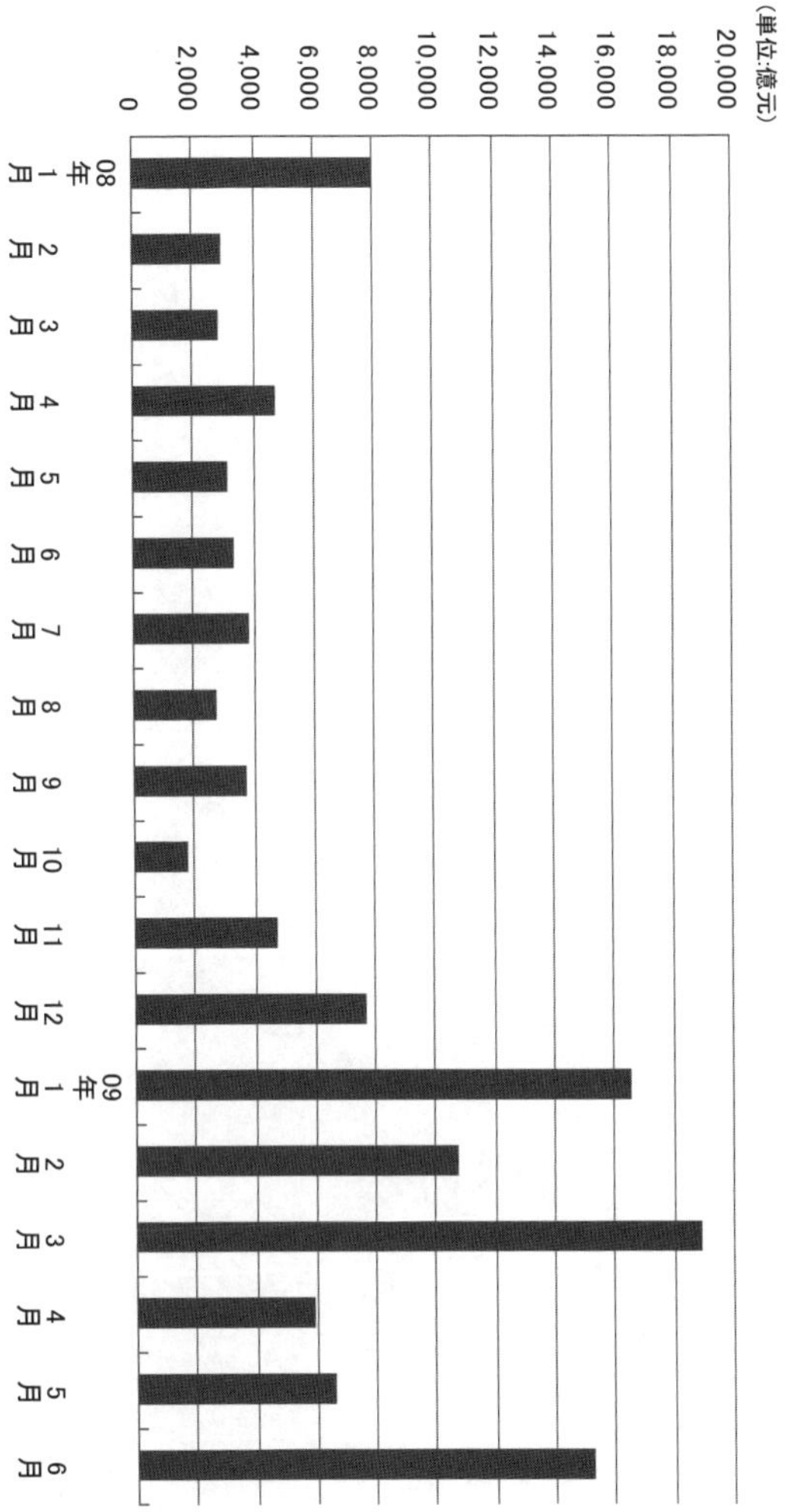

出所）中国人民銀行の発表資料により著者が作成

4章　経済成長が永続しない10の実例
――主要国の経済沈没はこうして起こった

ある大手企業からの調査・研究依頼

中国の高度成長がいつまで続くのか。いま好調な中国経済はこれから沈没のシナリオがあるかどうか。もしあるとすれば、いつ沈没するか。また何が引き金になるか。外国企業や投資家にとって、これは中国への最大の関心事であるに違いない。

2年前、私がまだ三井物産戦略研究所中国経済センター長を勤めていた時、ある大手企業から中国経済に関するコンサルティングの依頼を受けた。この企業は、実は本業がまだ中国に進出していないが、台湾とロシアには進出しており、現地で大きな工場を操業している。製造している製品は、すでに台湾とロシア市場において最大のシェアを獲得していた。

この企業がなぜ私のところにコンサルティングを依頼してきたか。その理由を聞くと、「現時点で考えられる中国経済のベストからワーストまでのシナリオを提示してもらうことによって、いまのうちから対応策を講じておきたい」という答えだった。

台湾経済もロシア経済も、このところ中国経済との結びつきを強くしている。もし将来中国経済が沈没するようなことになれば、必ず両経済にも飛び火する。そうなればこの企業も大きなダメージを被ることになるだろう。

この大手企業の依頼は、中国経済に対する日本企業の期待が大きい反面、不安もまた大きいということを如実に表しているといえる。

このコンサルティング案件をきっかけに、私は世界各国の経済沈没の事例研究に取り組んできた。研究を深めたところ、驚くほどの事実を発見した。過去50年間、経済沈没を経験しなかった国は、世界のどこにも存在しないということだった。もちろん、沈没のパターンはいろいろ。沈没の引き金もいろいろ。しかし、結果は同じ経済沈没である。

三つの予測が的中した『中国沈没』

実は、二〇〇八年三月に『中国沈没』と題する私の著書が三笠書房によって出版された。一見すれば過激なタイトルに見えるが、実際は「それなりにバランスの取れた内容」（榊原英資・早稲田大学教授の書評）である。しかも、中国経済、アメリカ経済および世界経済に関する予測は、その年に起きた出来事によって証明されたのである。

では、私はどんな予測をしたのか？　それは次の四つである。

① 中国の「不動産バブルが起きていることは明白」（18頁）であり、「弾けるのは時間の問題」（22頁）だ。株価も「異常な状況にあり、いつか必ず暴落する」（25頁）。

② 「中国経済が沈没する前に、アメリカ経済が先に沈没する」（221頁）。しかも「2〜3年以内にアメリカ経済は沈没する」（222頁）。

③ 二〇〇二年から始まった世界主要国「同時好況が永遠に続くわけがなく、必ずあるきっかけで不況に転落する」（33〜34頁）。

④ 二〇一〇年上海万博開催以降、中国経済は注意を払う必要がある時期に入り、「特に二〇一三年は要注意の年となる」（58頁）。

四つ目は今の段階ではまだ立証できないが、ほかの三つの予測がすべて的中した。予測が当たるのは、エコノミストにとっては嬉しいことだが、中国バブル崩壊、アメリカ経済沈没、世界同時不況はいずれも不幸なことであり、決して喜ぶことではない。

『中国沈没』と『日本沈没』

『中国沈没』というタイトルを見て、多くの読者がまず思い浮かべたのは、小松左京氏によるSF小説『日本沈没』ではないだろうか。この小説が発表されたのは一九七三年三月。今から30年以上も昔のことだ。

正直に言って、『中国沈没』というタイトルは私の本意ではなく、出版社の意向である。では、なぜ中国の現実を伝えるために書き上げた本に、SF小説を想起させるようなタイトルをつけたのか。

それは、いまの中国について考える上でこのSF小説にはいくつかの重要な示唆が含まれているからである。そのために出版社側は、あえて『中国沈没』というインパクトがあるタイトルをつけることにした。著者の私も最終的に出版社の強い意向を尊重し、ゴーサインを出した。もちろん、内容的には一切妥協せず、バランス感覚を貫いた。

『日本沈没』のあらすじを簡潔に紹介してみたい。

伊豆諸島の沖、鳥島の東北東に浮かぶ小島が一夜にして海中に沈没する。太平洋プレートの下のマントル流に対流層急変が生じたことが原因だった。この事態を受けて、地球物理学の権威・田所博士が現場調査に急行し、日本海溝の底で深刻な異変が発生していることを発見する。日本各地では、大地震や火山噴火が続発し、このまま異変が活発化すれば日本列島が海底に引きずり込まれることになると田所博士は警告を発する。

こうした警告を受けて、日本政府は列島沈没が起こる前に日本国民のすべてを海外に移住させるという極秘プロジェクトをスタートさせる。しかし、日本沈没の日は、予想外に早く訪れ、死に行く竜のごとくに最後の叫びをあげながら海中へと沈没していく——。

これはあくまでもSF小説上の話であるのは断るまでもない。日本列島は沈没もせず、現在もしっかりと存在している。

だが当時、小松左京という作家がこの小説を通じて国家存亡の危機が日本列島を襲うという物語を構想し、日本国民に向けて危機意識を喚起したことの意味は非常に大きい。

地震や台風、火山の噴火など、日本列島はしばしば自然災害に見舞われる。これはどうしても避けられないことだ。しかし、自然災害に対する国民の防災意識を変えていくことで、被害を最小限に食いとめることは可能である。

『日本沈没』という物語はSF小説でありながら、日本が災害発生に対してどのような危機管理を行い、被害を最小限に抑えるためにどのような体制を整えるべきなのかを考えさせたという役目を果たしたと思う。

『日本沈没』発表の翌年、日本経済が沈没した

『日本沈没』は上下巻合わせて400万部近くも売り上げた。このような一大ブームを巻き起こした背景には、作品の面白さはもちろんのこと、作品が発表された一九七三年というタイミングも後押ししていたといえるだろう。

73年の秋、日本は石油ショックの真っただ中にあった。日本全国で石油ショック騒動が起き、主婦たちはトイレットペーパーを買い占めた。同時に物価急上昇が起き、記録的なインフレが家計を襲った。そして翌年一九七四年、日本経済は空想の世界でではなく、現実世界のなかで実際に「沈没」してしまったのだ。

一九七三年、日本は7・7%にのぼる高成長を実現していた。ところが翌年の一九七四年、石油ショックのあおりを受けた日本経済はマイナス0・8%という景気後退に陥ってしまう。つまり、『日本沈没』が発表された翌年、日本は皮肉にも経済的な沈没を体験することになったのだ。

『日本沈没』はあくまでもフィクションである。しかし問題提起という意味では、大きな意味があったと考えていい。

『中国沈没』というタイトルをつけたのも、中国経済に対して問題提起を行う必要があると考えたからだ。今後起こりえる「中国沈没」によって、過去30年間続いてきた高度成長は終焉を迎え、一気にマイナス成長へと転落する可能性も否定できない。中国経済がマイナス成長に転じれば、世界経済に与える影響は甚大なものになるだろう。

60年代以降、経済的な「沈没」を経験しなかった主要国は一つもない。中国は66年の文化大革命によって、沈没を経験していた。日本は、73年の石油ショックと80年代末のバブル崩壊によって、二度の沈没を経験している。同じくアメリカも、ベトナム戦争の敗色が強まった一九七四年、および事実上の敗戦が決定した一九七五年にマイナス成長に陥っている。二〇〇一年にはITバブルの崩壊を経て、経済的な沈没を経験した。さらに二〇〇八年には「百年に一度」の金融危機が発生し、アメリカ経済は今も厳しい局面が続いている。ロシアの「沈没」はどの国の沈没よりも深刻なもので、国家体制の崩壊にまで行き着いてしまった。一九九七年の東南アジアでは、ASEAN諸国が通貨危機に瀕し、各国の経済成長率がマイナスに転落した。その他、ラテンアメリカ諸国にも、持続的な経済発展を遂げられなくなり、「沈没」を経験した国がある。

こうした世界での事例を考慮すれば、中国経済が今後、沈没する可能性も決して否定できない。事実、現在の中国の経済成長のあり方には問題が多く、沈没のきっかけになりそうな要素は数多く存在する。

特に、世界経済を牽引してきたアメリカというエンジンが金融危機によって崩壊した後、中国は世界経済の最大のエンジンを担っている。もしこのエンジンが機能しなくなれば、世界経済への影響は計り知れない。そのため、「中国沈没」を望む経済人は、世界中にほぼ存在しないといっても過言ではないだろう。それだけ現在の世界経済は中国経済に依存しているのである。

それでも、中国経済が沈没しないという保証はどこにもないのだ。もし沈没が起こるとすれば、どういうことがきっかけになるのか、どういうシナリオが想定されるのか。また、どのような対応策が必要なのか。これらのことを私たちは客観的かつ冷静に分析する必要がある。

中国には「居安思危」という諺がある。この諺の意味は、平時に有事を想定し、危機管理を徹底する、ということだ。いま中国にとって必要なのは「居安思危」であり、日本やアメリカ、その他の諸国にもこの意識が求められている。

過去のケースから中国沈没の可能性を探る

急激な勢いで成長する中国――。その繁栄の裏には多くの危機が潜んでいる。中国の真の姿を見極めるためには、「光」と「影」の部分を複眼的に見ておかなければならない。今後、中国がさらに発展していく段階において、「影」の部分が国内を今以上に色濃く覆い尽くすような事態になれば、「光」の部分である経済成長の頓挫も予想される。

中国には「防患未然」という諺がある。「災いを未然に防ぐ」という意味のこの諺は、不安定要素が増えつつある中国に限らず、ビジネスをグローバルに展開している経済人にとっては、極めて重要なメッセージである。

では、「防患未然」のためにはどうすればいいのか。再び中国の諺を用いて答えるとするならば、それは「温故知新」といえるだろう。

中国沈没はやはり起こるのだろうか。また、それを未然に防ぐことは可能なのだろうか。そのためには過去に世界各国で発生した「沈没」のケースを知り、いまの中国の状況と比較してみることも大切なことだ。次に、二〇〇八年アメリカ発金融危機を含む10の沈没パターンを時系列で検証し、将来の中国沈没の可能性について考えていきたい。

①「文化大革命」――権力闘争による中国沈没

43年前の一九六六年、私がちょうど大学二年生の時に、中国に文化大革命（文革）が起こった。76年終結までの10年間、中国は政治が混乱し、経済も挫折した。「失われた10年」を経験した。

文革が起きたそもそものきっかけは、中国共産党内の権力闘争だった。当時の共産党主席であった毛沢東は大躍進政策の失敗後、国家主席の座を劉少奇に譲る。しかし、党内での影響力を失うことを恐れた毛沢東は、国民の盲信を利用し、自分と違う意見を持つ実権派を次々と粛清する動きにでる。国家主席だった劉少奇や総書記の鄧小平など、多くの共産党幹部たちが修正主義者や裏切り者、反革命主義者、スパイなどといったレッテルを張られ、追放されていった。

毛沢東は権力を維持するために、次から次へと闘争相手をつくり出すことにしていた。その結果、政治闘争は後を絶たず、党内の混乱は一向に収まらなかった。こうした不安定な政治状況の下では、経済成長が持続できるはずがない。中国経済は大混乱に陥っていった。

文革が始まる1年前の一九六五年、中国は16・9％という経済成長率を記録した。さらに文革が始まった一九六六年は17％の成長率を達成していた。これは、劉少奇や鄧小平など実務派が、毛沢東主導の大躍進政策を見直し、経済調整政策を実行した結果である。ところが、文革が本格化した一九六七年に、劉少奇や鄧小平など実務派が相次いで失脚し、経済成長率は一気にマイナス7・2%に転落している。前年比で24・2ポイントの下落であり、文革の影響がどれだけ凄まじかったかを示している。翌年もマイナス6・5%成長が続いていた。

一九六六〜七六年文革の10年間、中国が経験したのは政治の混乱、経済の沈没だけではなかった。教育も崩壊し、この10年間は大学や大学院の高等教育もすべて麻痺してしまった。

一九七六年九月、毛沢東は82歳でこの世を去る。このことがきっかけとなり、翌十月に毛沢東の下で文革を主導した四人組が逮捕され、ようやく文化大革命が終結する。

文革によって中国が受けた被害は甚大だった。日本でもバブル崩壊後の10年間は「失われた10年」といわれたが、中国の「失われた10年」は、日本とは比べものにならないほど悲惨だった。文革の10年間、約2000万人の国民が非正常死したといわれている。

その後一九七八年、復権した鄧小平は「改革開放路線」の導入を決断した。これによって、疲弊した中国は成長へ向けての新しい段階に入っていくことになる。

いまの中国の経済成長を実現させた改革開放政策は、文革終結から2年という早い段階で導入されている。文革が中国に多大な被害をもたらしたことは紛れもない事実であるが、違った見方をすれば、文革がなかったら改革開放政策がこんなに早い時期に導入されることもなかったかもしれない。こうしたことを考えると、中国の改革開放のきっかけは、中国を散々悩ませた文革にあったといえるのかもしれない。

②石油ショックによる日本沈没

経済沈没は日本にも訪れた。一九七四年に発生した石油ショックである。石油ショックの引き金となったのは、一九七三年十月にシリアとエジプトがイスラエルを攻撃したことによって勃発した第4次中東戦争だった。

中東戦争の勃発を受け、石油輸出国機構（ＯＰＥＣ）加盟のペルシャ湾6カ国は原油公示価格の22％引き上げを発表。さらに、ＯＰＥＣ加盟10カ国は、石油生産の毎月5％削減を発表したのだ。

石油需要のほぼ１００％を国外からの輸入に依存している日本は、石油価格の急激な値上げによってパニック状態に陥った。石油ショック以前からすでにインフレに悩まされていた日本経済は、インフレに加えて石油ショックが起きたことで大きな打撃を受け、沈没してしまう。

一九七三年、日本の経済成長率は7・7%という高水準を維持していた。ところが石油ショックが起きた一九七四年は一気にマイナス0・8%に転落した。この経済沈没は、日本にとって戦後初めてのマイナス成長であり、経済人のみならず、日本国民全体に大きな衝撃を与えることになった。

日本をパニックに陥れた石油ショックだったが、日本経済に二つの転換をもたらすといった役目も果たしている。

一つは、高度成長から中成長への転換である。それまでの日本経済は、10%台の成長を持続させてきていた。ところが石油ショックを境目にして、5%程度の中成長期を迎えることになる。

もう一つの転換は、エネルギーの「爆食時代」から省エネルギー時代への転換だった。高度成長期、日本もいまの中国のようにエネルギーの爆食による経済発展を行っていた。当時、日本の生産効率は決して高いものとはいえなかった。ところが石油ショックによる経済の沈没により、日本企業は省エネルギー技術の開発に注力し始めることになった。

石油ショックからすでに30年以上の時が経っている。この間、多くの日本企業が省エネへの努力を積み重ねてきた。その結果、1万ドルのGDPを創出するために使われるエネルギー消費量は、石油ショック前に比べ、37％もカットされている。

石油ショックによって、確かに日本経済は沈没を経験した。しかし、その体験が、日本の省エネルギー技術を世界トップレベルの水準に引き上げたともいえる。日本は石油ショックによる沈没から確実に学んでいたのだ。

エネルギーを非効率に消費し、高度成長を達成する「爆食経済」。この言葉は、いまの中国の高度成長の特徴をいい表すために私がつくった造語である。爆食経済はいつか必ず破綻する。中国にとって、省エネルギー経済への転換に成功した日本の姿は学ぶべき良いお手本といえるだろう。

③ベトナム戦争によるアメリカ経済の沈没

アメリカも沈没を経験している。一九七四年、アメリカ経済成長率はマイナス０・５％という数字を記録した。さらに翌年の一九七五年にはマイナス１・１％に転落している。

ではなぜアメリカ経済は沈没したのか。一九七三年の石油ショックも一因だったが、主な原因はベトナム戦争の敗北だった。

一九六五年の北ベトナムへの空爆開始から一九七三年の撤退まで、アメリカはベトナムに多大なる実害を与え、さらには自らも大きな被害を蒙ることになった。

戦争の初期段階では、膨大な軍事予算が計上され、それが需要の拡大につながったことで景気を押し上げる要素になったのも事実である。ところが、戦争が長期化していくにつれて戦費がかさみ、徐々に戦争が経済に負担をかけていくことになった。こうした経済負担は、敗北が決定的になり軍隊が完全撤退を行ったことで一気に表面化し、アメリカ経済はマイナス成長に転落した。

アメリカの沈没は、経済の分野に留まるものだけではなかった。戦争をめぐって国内世論が分裂し、ベトナム撤退後もアメリカは戦争の後遺症に悩まされた。戦争に敗北したことによりアメリカ国民全体に挫折感が拡がった。また、既成の価値観も崩壊した。国内では犯罪の急増や教育の崩壊が起こり、貧困層も増加した。

ベトナム戦争は、アメリカを深刻なトラウマ状態に陥れた。さらに経済的な沈没だけでなく、価値観の崩壊まで招いてしまったのだ
長期的な戦争は、必ず国を沈没させる。ここからも中国は何かを学び取れるのではないだろうか。

である。

④「格差」「腐敗」「失業」が経済沈没を惹起する「ラ米現象」

ラテンアメリカ諸国も、経済的な沈没もしくは停滞を経験している。一番の原因として考えられているのが格差問題で、同様に格差問題を抱えている中国にとっても他人事でない話である。

ラテンアメリカ諸国では、80年代に一人当たりのGDPが2000ドルに到達する国々が登場した。しかし、これらの国々の多くは順調な成長を持続することができなかった。

アルゼンチンのような国では経済沈没が発生し、その他の国々は長期的な停滞に陥るところが多かった。主に先進国が加盟しているOECD（経済協力開発機構）に入ることができたのはメキシコだけであり、こうした現象は「ラ米（ラテンアメリカ）現象」と呼ばれている。

70年代～80年代にかけて、ラテンアメリカ諸国は、軒並み順調な経済成長を続けていたところがその後、大規模な借金によって工業化を推進させる方針を取ったため、80年代～90年代にかけて相次いで債務危機を引き起こす結果を招いてしまう。

工業化が推進されていくなかで、当初は経済発展が順調に進んでいるかのようにみえた。しかし、国民の大多数が経済成長の恩恵を受けることができず、貧富の二極分化が進行していったのだ。

例えば、中南米諸国の貧困層人口の比率は一九八〇年の40%から二〇〇五年の44・4%へ増え、貧困者数は2億2000万人を突破したという。総人口の1%を占める富裕層は国民所得の42・3%を占めるまでに至っており、二〇〇五年世界銀行レポートは「中南米地域が全世界でも貧富格差が最も大きい地域だ」と指摘している。

一方、ブラジルでは都市化が進展し、都市部人口は7割にまで増加した。しかし、都市部と農村部の格差は拡大し、所得格差が一層際立っていった。こうした傾向は他の諸国においてもみられた。

さらに借金の返済が滞って債務危機に陥ると、大量の失業者が発生した。80年代〜90年代のラテンアメリカ主要国の失業率は2桁にまで増加した。

多額の借金によって進めてきた工業化方針には限界があった。国が借金をし、工業化のためのプロジェクトを推進するというやり方では、どうしても不透明な取引が生じてしまう。案の定、腐敗現象が起き、さまざまな分野に蔓延していった。

国民の間には、格差拡大や腐敗蔓延、失業問題に対する不平不満が急速に蓄積されていった。それが一気に爆発した結果、ラテンアメリカ諸国では政変が多発し、現在でも政局が不安定な国々は多い。

政局の不安定化、腐敗の蔓延、格差の拡大といった要素は直ちに経済の低迷に結びついていく。こうしてラテンアメリカ諸国の多くが経済的な沈没もしくは停滞に陥っていったのだ。

ラテンアメリカ諸国を不安定な状態に陥れた「格差拡大」「腐敗蔓延」「失業問題」という三つの問題は、中国が抱えている問題と完全に一致している。ラテンアメリカでは、こうした問題への国民の不平不満が政変へとつながっていった。

政変が起き、国が混乱に陥ることは、中国にとって最悪のシナリオである。政変が起きれば間違いなく中国は沈没する。中国が、「格差拡大」「腐敗蔓延」「失業問題」を早急に解決することができなければ、ラテンアメリカ現象に襲われることになるかもしれない。

⑤「天安門事件」による中国沈没再び

文革以降、中国は天安門事件の発生によって再び沈没した。

一九八九年に起こった天安門事件は、政府に対する国民の二つの不満が爆発したことによって引き起こされた。

一つ目は、共産党幹部による腐敗の蔓延に対する不満だった。

二つ目は、党のポストから退いた長老たちが、引退後も実権を握り続けていることへの不満だった。

長老たちへの不満というのは、一九八七年一月の胡耀邦元総書記の失脚と関係している。一九八二年に党の総書記に就任した胡耀邦は、一九八六年に言論の自由の緩和など政治改革を推し進める方針を打ち出した。ところが、後に党長老グループや保守派から厳しい批判を受け、翌年の一月に総書記辞任を迫られることになる。こうしたことから、国民は長老政治への不満を蓄積させていったのだ。

一九八九年、胡耀邦は心筋梗塞を起こして亡くなる。すると、民主化を求める学生たちが胡耀邦の追悼集会というかたちで天安門に集まりだし、それが全国的な民主化運動にまで発展していったのだ。北京でのデモの参加者は１００万人にまで膨れ上がった。

五月一八日、北京政府から戒厳令が出された。戒厳令発令前のデモ参加は、腐敗蔓延と長老政治に対する不満を訴えるためのデモだったといえる。一方で、戒厳令後のデモは、反政府デモといった性格が強く、政府は「動乱」と受け止めたのだ。

戒厳令発令前のデモには、腐敗蔓延や長老政治に対する不満だけでなく、インフレによって生活が苦しくなったと感じていた多くの国民たちも参加していた。ところが、民主化を求める学生たちの考え方は違っており、政府に民主化を求める声が日増しに強くなり、学生主導のデモは民主化を要求するデモに発展していく。

戒厳令が敷かれてから15日目の六月四日、政府は人民解放軍を出動させ、学生たちの民主化要求デモを鎮圧する。学生たちによる民主化運動が挫折した瞬間だった。

学生デモを鎮圧することに成功した政府だったが、そのために払った代償はあまりにも大きかった。西側諸国は中国に対して経済制裁を発動した。さらに軍事制裁も発動され、対中国の武器輸出が禁止された。経済制裁はすでに解除されているが、現在もアメリカ・ヨーロッパ・日本は対中武器輸出禁止を解除していない。こうした制裁だけでなく、中国に対するイメージの悪化も政府にとっては大きなダメージとなった。

天安門事件後の西側諸国の経済制裁により、一九八八年に11・3％だった高度成長率は、一九八九年には4・1％にまで急落した。一九九〇年になっても経済は回復せず、成長率は3・8％の伸びに留まり、2年連続の低水準に転じてしまった。

天安門事件以降、共産党内部では左派勢力の影響力が大きくなりだした。彼らはマルクス原理主義派であり、愛国主義教育やマルクス主義教育といったイデオロギーを強める動きを活発化させていった。さらに彼らは、改革開放路線は資本主義のものであるとの批判さえも掲げ出し、その批判の矛先を鄧小平に向けていった。

自らが提唱した改革開放路線を頓挫させてしまう可能性も秘めた状況に、最高実力者の鄧小平は大きな危機感を覚えた。同時期、ソ連や東ヨーロッパ社会主義諸国が相次いで崩壊していた。東欧諸国の崩壊を目の当たりにした鄧小平は、イデオロギーだけでは中国を救うことはできないとの確信をもった。経済を発展させ、国民に実際の恩恵を与えないと共産党が主導する中国は崩壊しかねない。鄧小平の危機感は一層大きくなっていった。

そこで一九九二年、鄧小平は、経済の沈没状態に歯止めをかけるために南方視察に出かけ、「南巡講話」を行った。鄧小平は、この談話のなかで「改革加速」「開放拡大」を強調することになる。

鄧小平が、北京ではなく上海や深圳、広州などで「改革加速」「開放拡大」を語ったのには深い意味がある。彼は、左派の影響力が増している北京をあえて離れ、改革開放路線が軌道に乗っている南方から中央執行部に向けてメッセージを発信したのだ。そのメッセージに込められた真意は、「改革開放を支持しない人間は中央執行部に留まる資格はない」というものだった。

鄧小平の一貫した強い意志と大号令によって、中国の改革開放路線は変更されることなく維持されることになった。南巡講話が行われた一九九二年、中国は14・2％という経済成長を達成し、天安門事件によってもたらされた沈没から脱却することに成功したのだった。

⑥バブル崩壊による日本沈没再び

80年代末、日本はバブル景気の崩壊によって再び経済沈没を経験することになる。

バブル景気の遠因は、一九八五年のプラザ合意後の円高にあった。アメリカから、日本は円高プレッシャーをかけられていた。結局、日本は米国の圧力を受け入れるかたちで、プラザ合意を交わすことになった。

プラザ合意以後は急激な円高が続いた。円高のマイナス影響を受けた日本経済は失速し、一九八五年に5・1%だった経済成長率が一九八六年には一気に2・7%にまで急落してしまった。

円高に対応するための景気対策として、日本政府は財政と金融両面から景気刺激策を打ち出した。具体的な方針としては、公共投資と住宅投資の拡大を行い、これら二つの投資を牽引役として景気回復を図ったのだ。こうした対策に加え、設備投資と個人消費が活発になったことで景気の拡大が実現することになった。

ただし、景気拡大の過程でバブル経済を生み出すことにもなった。バブル経済を象徴するものが、土地価格と株式価格の上昇神話だった。誰もが土地価格と株式価格の右肩上がりを信じ、不動産投資と株式投資に熱狂していった。ゴルフ会員権の値段が急上昇し、投資の対象となったのもこの時期である。

土地価格と株式価格の上昇によって、投資に励むようになった個人投資家や企業には大幅な含み益がもたらされるようになった。そのため、一生懸命汗を流して働くよりも、株式投資や不動産投資といったマネーゲームのほうが遥かに利益を上げるような状況が出来上がってしまった。すると、個人も企業も本業を疎かにしてマネーゲームに熱中しはじめたのだ。

個人は過剰消費、銀行は過剰融資、企業は過剰投資と過剰生産に狂奔した。日本中がバブル景気に浮かれていたのだ。

だが、バブル景気というのはいつか必ず弾けるものだ。事実、一九八九年をピークとして、株価や土地価格が値を下げ始めていくのだ。

一九八九年十二月末、東証平均株価は3万8950円の最高値をつけた。ところが翌年一九九〇年にバブルが弾けると、同年十月に2万円を割り込むまでに株価は急落する。さらに二〇〇三年には、ピーク時の五分の一である7603円にまで暴落した。

バブル崩壊によって失われた資産価格は、約2000兆円といわれている。2000兆円は、日本のいまのGDPの4倍に相当する額であり、驚異的な額の資産がバブル崩壊と共に消滅してしまったことになる。

バブル崩壊後、日本は深刻な不況に陥った。90年代は景気低迷が続き、その10年間は「失われた10年」として、日本経済に大きなダメージを与えた。

バブル崩壊による日本経済の沈没は、政治にも混乱を招いた。バブル崩壊後の10年間、日本の総理大臣は10人も入れ替わっている。経済が混乱すれば、政治も混迷する。さらにその政治の混迷が、経済も混乱させるといった悪循環が繰り返された。

バブル崩壊を振り返ってみると、日本のキャッチアップ型成長が終わった段階で起きた経済沈没だということがわかる。戦後日本は、廃墟から出発し、国民一人ひとりが一生懸命働くことで戦後復興を果たしていった。五〇年代からは奇跡ともいわれる高度成長を達成し、70年代末には先進国の仲間入りを実現した。さらに80年代末には、一人当たりGDPでアメリカを抜き、主要先進国7カ国のなかで第1位にまで登りつめたのだ。こうした急速な経済発展を可能にした理由には、欧米諸国の先進国をモデルとして追いつき追い越せで努力を行ってきたことが挙げられる。

問題はキャッチアップによって目標を達成した後、日本は新たな目標を見つけることができなかったことだ。目標を失った日本は、バブル景気に浮かれ、足が地に付いていない状態で過剰消費や過剰投資に熱中した。

日本は、誰かをお手本してキャッチアップをしていくことに関しては素晴らしい力を発揮する。しかし、先導役としてリードとしていくということが苦手であり、リーダーシップを発揮することがなかなかできない。

モデルを失った日本は進路不明の状況に陥り、経済も政治も混迷させてしまった。

バブル崩壊とその後の経済の長期低迷には、日本が抱える構造的な問題があるのではないだろうか。こうした構造的な問題を解決しないかぎり、日本は将来を見据えた長期的な目標を見いだすことができず、さらなる成長のための活力を得ることができないかもしれない。

バブル崩壊による日本沈没は主要国の中では初めてのケースである。なぜバブルが崩壊したか？　なぜ経済沈没が10年にわたり長期化したのか？　政府の対応は何が問題だったのか？　日本は「反面教師」として、世界各国に貴重な経験を残した。この経験は二〇〇八年アメリカ発金融危機の時に、欧米諸国の政府に活かされたのだ。

⑦国家崩壊による旧ソ連・ロシアの沈没

旧ソ連・ロシアの沈没は、日本のバブル崩壊よりも深刻だった。旧ソ連・ロシアでは共産党政権が崩壊し、さらに旧ソ連という国そのものが地球から消えてしまったのだ。旧ソ連が崩壊した背景には、政治と経済のねじれ現象が起きたことが大きく影響している。

一九八五年に共産党書記長に就任したゴルバチョフは、政治改革を推進するべく「ペレストロイカ（再構築）」や「グラスノスチ（情報公開）」といった政策を導入していった。これによって、旧ソ連では政治改革が急速に進んでいったのだが、その一方で、経済改革は遅々として進まず、国民の生活水準はむしろ低下してしまった。この政治と経済のねじれ現象が、国民に大きな不満を与えることになる。

共産党政権の崩壊後、旧ソ連を構成していた各共和国は独立し、事実上旧ソ連を継承するかたちで新生ロシアが誕生した。

しかし、エリツィン大統領率いる新生ロシアも政策ミスを重ね、経済的な混迷を長引かせることになった。それら政策ミスの代表的なものが、経済建て直しのために導入された「ショック療法」だった。

ショック療法は、アメリカの経済学者でハーバード大学教授のジェフリー・サックス氏が提唱した経済理論だった。サックス氏は、29歳の若さでショック療法という理論を打ち出し、その理論をボリビアに初めて導入した。

80年代半ばごろ、ボリビアは経済危機に見舞われていた。当時のボリビアは、インフレ率が4000%、経済成長率はマイナス12%という最悪の状況にあった。早急な対策を迫られたボリビア政府は、当時弱冠29歳だったサックス教授を経済顧問として招聘し、ショック療法の導入を決定した。それにより、金融引締め政策と緊縮財政を断行し、さらには物価の自由化、自由貿易、国有資産の私有化という荒療治ともいえる政策を推し進めていく。

ショック療法導入から2年後の一九八七年、ボリビアでの荒療治は目覚しい成果を挙げていた。インフレ率は15%にまで収斂し、経済成長率は2%にまで拡大した。さらに外貨準備高は20倍以上も増えたのだ。

一方、新生ロシアは、ソ連崩壊直後の一九九二年、経済再建の必要性に駆られていた。当時、経済担当副首相を務めていたエゴール・ガイダル氏は、ボリビアでのショック療法の成功に大きな関心を寄せていた。ショック療法に賛同する彼は、自国にもこの経済理論を導入しようと考え、エリツィン大統領に提言を行った。ガイダル氏の提言を受け入れたエリツィン大統領は、ガイダル氏を第一副首相に抜擢すると、さらにサックス氏を大統領首席顧問に任命したのだ。

ところがロシアに導入されたショック療法は大失敗した。

ロシアで推し進められたショック療法の主な内容は、自由化と私有化だった。価格の自由化や貿易の自由化、国有資産の私有化が促進された。

なかでも価格自由化策としては、卸売価格の80%、小売価格の95%は市場判断によって決められるとの政策を決定し、これによって積極的な価格自由化が促進されることになった。

しかしこの政策が、ロシアにハイパーインフレを引き起こしてしまうことになる。一九九二年、ロシアのインフレ率は2500%にまで跳ね上がり、経済成長率はマイナス19%にまで落ち込んだ。3年間にわたるハイパーインフレは、国民のお金を紙くず同然にしてしまった。一方、私有化によって国有資産を手にしたひと握りの人たちに莫大な富をもたらすことになり、国内は一層不安定になっていったのだ。

国家崩壊のコストは絶大だ。一九五五年、旧ソ連の経済規模が世界全体に占める割合は13・9%だった。また、ソ連・東欧崩壊直前の一九八八年には、旧ソ連と東欧を合わせた経済規模が世界に占める割合は17・2%を占めていた。ところが、二〇〇二年のCIS（独立国家共同体。バルト3国を除く旧ソ連地域）の経済規模は合計でわずか世界全体の1・3%

にまで凋落している。

旧ソ連（現ロシア）と中国の経済規模の推移を比較してみても、旧ソ連崩壊がいかに大きな犠牲を払ったかがよくわかる。中国が改革開放を実行した一九七八年、中国の経済規模は旧ソ連の5分の1でしかなかった。それが一九九八年には、ロシアの経済規模は中国の2分の1でしかなくなっていた。さらに二〇〇五年には三分の一の規模となり、両国の経済規模の差は拡大していった。

近年、エネルギー価格の高騰によって、資源国であるロシアの経済はようやく成長の軌道に乗ってきた。しかし、国家崩壊後の混乱によって、多くの国民が苦労を味わった。中国にとって、旧ソ連で起こった国家崩壊・分裂のケースは絶対に避けなければならないシナリオである。

⑧アジア通貨危機によるASEAN諸国の沈没

次にASEAN（東南アジア諸国連合）の沈没をみていきたい。ASEAN沈没とは、一九九七年に発生したアジア通貨危機のことを指す。

なぜアジア通貨危機は起きたのか。それは、タイやフィリピン、マレーシア、インドネシアなどのASEAN主要国経済が外資依存型経済であることに起因している。

一九八九年の天安門事件以降、日本を含む西側諸国の資本が相次いで中国から撤退した。こうして中国から引き上げられた資金の新たな投資先となったのがASEAN諸国だった。

90年代に外国資本を積極的に受け入れたASEAN経済は、二〇〇〇年代に入ってからも外資を下支えとして安定した成長をつづけていた。設備投資が盛んに行われた結果、生産拡大が可能になり、そのために部品や材料などの資本財の輸入が急増していった。

輸入の急増に伴い、貿易収支は大幅な赤字状況が常態化するようになり、特に日本との貿易赤字は急激に拡大していった。一方、外資の大量流入のために、資本収支では黒字になるという構造がASEAN経済の特徴として定着していった。

一九九〇年、タイへの直接投資額は61億ドル、証券投資は11・5億ドルだった。直接投資は生産活動に直結する。この額が大きい限り大きな問題はない。しかし一九九五年になると、直接投資は29・4億ドルにまで縮小し、逆に証券投資額が101億ドルになるという逆転現象が起きたのだ。

90年代前半、平均で9%ほどの経済成長を実現させていたタイ経済だったが、一九九六年になると成長に陰りがみえ始める。すると、こうした変化を敏感に受け止めたヘッジファンドがタイバーツを大量に売りさばき、バーツは価格を落とし始めたのだった。
バーツはそれまでドル・ペック制をとっていた。そのため、タイ政府はペック制を維持するために、外貨準備高を切り崩してバーツを買い支えようとした。しかし、タイの外貨準備高は底をついてしまい、タイ政府はやむなくペック制を放棄し、変動相場制を導入せざるを得なくなった。

変動相場制に移行されると、タイバーツは急速にそして大幅に下落していった。こうして通貨危機が発生すると、それまでタイに投資してきた外国資本が一気に撤退を始めた。最終的にはタイで発生した通貨危機が他のASEAN諸国にも飛び火し、アジアでの大規模な通貨危機へとつながっていったのだった。

タイでの通貨危機の本質は、実体経済と金融経済の乖離だったといっていいだろう。実体経済とは別なところで、証券バブルと不動産バブルが大きくなっていった。そしてそれが最終的に弾けて、経済危機を引き起こしてしまった。

アジア通貨危機はASEAN諸国に大きなダメージを与えた。一九九八年のASEAN全体の経済成長率はマイナス8%にまで落ち込んだ。特にタイのマイナス10・5%、インドネシアのマイナス13・1%といった落ち込みは著しく、他の国も軒並み成長率を下げた。

さらに一人当たりのGDPで考えてみると、インドネシアは11年前の水準に戻ってしまったことになる。同様にタイは6年前、マレーシアは5年前、フィリピンは4年前といった水準までに一人当たりのGDP額が大きく後退することになった。

⑨ITバブル崩壊によるアメリカ沈没再び

アジア通貨危機以降しばらくの間、世界経済は全体的に冷え込んだ。その後、再び世界経済が立ち直り始めたのは、二〇〇〇年になってからだった。

アメリカ、ヨーロッパ、ロシア、中南米、そして日本を除くアジアでは景気が上向き、世界主要国同時好況が起きていた。こうした背景には、アメリカを震源地とするIT革命の世界的な伝播があった。二〇〇〇年、アメリカのGDP成長率は3・7％を記録した。こうしたアメリカの好景気に影響されて世界経済も上向いていったのだ。

ITバブルはどのように形成されたのか。それは、ITが新しいマネーゲームを誕生させたことが主な原因だった。

一九九二〜九六年の5年間で、アメリカの全産業年平均成長率は5・2％だった。それに対し、同時期の金融セクターの年平均成長率は14・8％という数字を記録した。つまり、実体経済と金融経済の乖離が顕著に浮かび上がる結果になった。ITの発達が新たなマネーゲームを助長したためであり、アメリカ経済のものづくり離れが加速されたのだ。

しかし、ITバブルも崩壊を迎える。二〇〇一年九月、ナスダック株価の指数は、ピーク時の5000ポイント台から1387ポイントに落ちていった。わずか一年間でピークのときの四分の一にまで下落した。

ITブームの真っ只中に、警鐘を鳴らしてアメリカ・インターネット・バブルの崩壊を的確に予測した日本人がいる。当時の三井物産戦略研究所長の寺島実郎氏だ。二〇〇〇年春、寺島氏は中国の大学の名門・中国人民大学黄達学長の招きで、中国を訪問し同大学で講演した。筆者の私も同行し、寺島氏の講演を聞くチャンスがあった。寺島氏は講演の中で、産業進化に対するIT革命の意義を述べる一方、「国内所得の格差拡大」、「過剰なマネーゲーム依存」などの問題点も鋭く指摘した。その上で、IT革命は「分配の問題」、「持続不可能」な巨額な経常収支赤字などアメリカの構造的な問題を解決できず、謳歌された「IT神話」は必ず破滅すると予測した。

数ヵ月後、アメリカのITバブルは寺島氏の予測したとおり崩壊した。まさに先見の明である。ITバブルの崩壊によって、アメリカ経済は失速することになった。3・7%だった二〇〇〇年の経済成長率は、翌二〇〇一年に0・8%に縮小した。また、アメリカ経済の失速によって、世界経済も大きな影響を受け、世界経済の成長率は二〇〇〇年の4・2%から二〇〇一年には1・6%にまで急落した。

ただし、アメリカ経済はITバブルの崩壊からわずか2年後に再び回復軌道に乗っていった。なぜならITバブルは日本のバブルとは違った特徴をもっていたからだ。

日本のバブル経済は、不動産と株式バブルが主体となっており、バブル崩壊後には成果らしきものが何も残らなかった。しかし、アメリカのITバブルのきっかけとなったIT革命は、実体経済にもしっかりと成果をもたらしていた。特に、従来型の鉱工業分野にITが浸透した結果、産業分野全体が活性化することになった。ニューエコノミーの成果がオールドエコノミーに浸透したために、景気回復を早期に実現させたのだ。これが日本のバブル経済と根本的に違っていた。

アメリカ経済の回復を助けたのは、二〇〇一年の同時多発テロ後のアフガン攻撃の影響もあった。さらにアフガン攻撃の翌年の二〇〇二年からはイラク戦争が開始され、膨大な軍事予算が組まれることになった。このことも景気刺激効果として作用し、アメリカはITバブルによる経済失速から短期間で回復することができた。

とはいえ、その後、イラク戦争が長引くことになり、膨大な軍事予算が経済への負担となった。さらに、住宅バブルの崩壊とサブプライムローン問題をきっかけに、「百年に一度」の金融危機が発生し、アメリカ経済はまた沈没した。

⑩金融危機によるアメリカの3度目の沈没

二〇〇八年九月、アメリカの大手投資会社（証券会社）リーマン・ブラザーズが経営破綻した。それを引き金に、アメリカは「百年に一度」の金融危機に襲われ、70年代以来3度目の経済沈没に見舞われた。

今回の金融危機は米住宅バブルの崩壊およびサブプライムローン（信用力の低い個人向け住宅融資）問題の表面化に端を発したものであり、マネーゲームに奔走していた金融資本主義の危機であることは確かである。これについては、既に多くの著書に論述があり、本書は詳しい説明を省略する。

しかし、アメリカの経済沈没はこうした国内要素だけではない。歴史的に見れば、米国一極支配の「統治疲労（Governance tire）」という外的要素も非常に大きい。

一九九一年のソビエト連邦解体による冷戦終結後、世界は唯一の超大国である米国支配の時代に入ったが、二〇〇一年の同時多発テロ後の米国の二つの戦争（イラク戦争、アフガン戦争）は泥沼化している。

その二つの戦争のために、アメリカが支払ったコストはあまりにも大きい。二〇〇九年六月十一日現在、イラク戦争の米軍死者数は4304人。アフガン戦争での死者数698人を加えると、9・11事件後の米軍死者数は5002人にのぼる。ベトナム戦争以来、最大の死者数を出している。しかも、出口が見えないまま、米軍死者数が今も増え続けている。さらに、アフガン攻撃から二〇〇八年会計年度まで累積戦費は1兆ドル近くにのぼり、ベトナム戦争の5700億ドルを遥かに上回る。この二つの戦争の膨大なコストがアメリカ経済の疲弊を誘発し、経済の根幹を消耗している。結局、二つの戦争という外的要因と、住宅バブルの崩壊およびサブプライムローン問題の表面化という内的要因が重なった結果、アメリカは金融危機の形で再び経済沈没に陥ってしまったのだ。

アメリカの政府発表によれば、二〇〇八年七～九月期GDP成長率は前期比で▲2・7%、十～十二月期▲5・4%、二〇〇九年一～三月期▲6・4%、四～六月期▲0・7%と、4四半期連続のマイナス成長を記録している。二〇〇九年アメリカの成長率も二〇〇八年の0・4%から▲2・7%に転落すると、国際通貨基金（IMF）は予測している。アメリカ経済はいつ景気後退から脱却するか。予断を許さない状態が今も続いている。

今回の金融危機は世界の心臓部に起こったため、この影響もかつてないほど世界経済を直撃している。国際通貨基金（IMF）二〇〇九年十月レポートによれば、二〇〇九年の世界経済成長率見通しは、二〇〇八年の3・0％から一気に▲1・1％に転じ、第二次世界大戦終結後の最大の落ち込みを記録する。主要国のうち、最も大きなダメージを受けるのはユーロ圏諸国と日本である。

ユーロ圏ヨーロッパ諸国の経済成長率は四半期ごとに見ると、二〇〇八年第2四半期（四～六月）は前期比▲1・3％、第3四半期（七～九月）▲1・4％、第4四半期（十～十二月）▲7・0％、二〇〇九年第1四半期（一～三月）▲9・5％、第2四半期（四～六月）▲0・5％と、5四半期連続のマイナス成長を記録している。二〇〇九年通年の見通しは▲4・8％で、金融危機の影響は米国以上の深刻さを見せている。

日本経済もユーロ圏諸国に劣らない混乱ぶりを示している。実質GDP成長率は二〇〇八年四～六月▲2・8％、七～九月期▲5・1％、十～十二月期▲12・8％、二〇〇九年一～三月期▲12・4％と、前期に比べて4期連続のマイナス成長となっている。そのため、二〇〇八年通年の実質GDP成長率は▲0・7％と、G7主要先進7カ国のうち、日本はイタリア（▲1・0％）に次ぐマイナス成長に転落した国である。二〇〇九年の見通しはさらにマイナス幅を拡大し▲5・4％になるだろうと、IMFは予測している。ロシア（▲7・5％）に次ぐ2番目の低さである（69頁図18を参照）。

日本経済の混乱ぶりは実体経済の分野にとどまらず、経済研究の学術分野にも広がる。

なぜ市場原理偏重のアメリカ式資本主義は自壊したのか？　なぜアメリカが標榜し続けてきたグローバル資本主義は、行ゆき詰まったのか？　なぜアメリカの競争原理をモデルとし、一時、日本列島を風靡した「改革なくして成長なし」という「小泉改革」は結局、「格差社会」につながり、失敗に終わる結果となったのか？　経済学者の中で今、大論争が展開され、大混乱が起きている。そのうち、アメリカ式市場原理主義をやってあれは間違いだと反省・後悔している学者もいる。その代表は、かつて「小泉改革」の一翼を担った経歴を持つ中谷巌・三菱UFJリサーチ&コンサルティング（株）理事長である。中谷氏は「懺悔の書」ともいえる近著『資本主義はなぜ自壊したのか』の中で自ら過ちを認めている。経済学者として、自分の間違いを認めるのは、並々ならぬ勇気ある行動であり、称賛に値する学者の良心である。

一方、ぶれない発言を続け、目立つ存在となる論客もいる。先に紹介した寺島実郎氏である。寺島氏は現在、財団法人日本総合研究所会長で、二〇〇九年四月より多摩大学5代目学長に就任した。ここ10年間、寺島氏が発言してきたことは二つの柱から成り立っている。一つはイラク戦争が間違った戦争だということ。もう一つはマネーゲームに傾斜した資本主義は腐るという論点である。いずれも世界の現実によってその正しさが証明された正論である。寺島氏のぶれない姿は今、言論界のみならず、政財界にも注目されている。

今回のアメリカの経済沈没は「反面教師」として、世界各国に有り難い教訓を数多く残している。経済沈没を避けるために、中国は「他山の石」として、そこから学ぶべくことが多いはずである。

まずは覇権主義を求めないことである。冷戦終結後、アメリカは唯一の超大国となり、覇権主義が跳梁跋扈していた。だが、やがて、米国一極支配体制はその「統治疲労」を露呈し、政治的にも経済的にも軍事的にも世界秩序が保てないという限界が明らかになっているのである。金融危機の発生は「米一極支配時代」の「終わりの始まり」に過ぎず、世界の政治的・経済的再編は必至となるだろう。中国は遅かれ早かれいずれアメリカに追いつき、世界最大の経済大国になるだろう。その時がやってきたとしても覇権主義を求めないことが肝要である。求めると必ず破綻が生じ、経済も沈没するからだ。

二つ目は資本主義も社会主義も万能ではないということ。かつて社会主義の危機においては、資本主義的な手法の導入が極めて有効であった。中国は一九七八年に改革・開放政策を導入し、一九九二年の第14回党大会では社会主義市場経済の確立を宣言した。一九九一年、当時の中国最高実力者・鄧小平氏は、改革・開放政策の成功の理由を香港のある実業家に問われ、次のように述べている。「実は、私は資本主義に学んで、社会主義を良くしたのである」。極めて明快な答えである。

一方、資本主義の危機の時は社会主義的な手法が有効であることも忘れてはいけない。一九三〇年代に欧米資本主義諸国を大恐慌が席捲した際、不況から逃れた唯一の大国は社会主義国・ソ連であった。一九三二年、旧ソ連は世界機械輸出の50％を吸収し、世界経済の「救世主」とまで言われた。当時の米大統領ルーズベルトが打ち出した危機対策「ニューディール政策」も、公共投資拡大など社会主義的な手法を特徴とするものだった。

今回の金融危機の本質は、マネーゲームに奔走していた金融資本主義の危機である。それを克服するために、各国政府は相次いで銀行への公的資金注入、もしくは国有化、公共投資拡大などの危機対策を打ち出している。これらの政策も基本的には社会主義的な手法を特徴とするものと見られる。資本主義の退潮と社会主義の台頭という一時的な社会現象は世界的に起きるだろう。とはいえ、自浄能力がなければ、社会主義も資本主義も退場させられる恐れがある。

三つ目は「力の論理」の限界である。国際紛争も国内紛争も「力の論理」では必ずしも問題の解決に繋がらない。超大国のアメリカでさえイラク戦争に勝てなかった事実を、中国は重く受け止めるべきである。例えば、二〇〇八年三月チベット暴動、二〇〇九年六月の新疆ウィグル族暴動。民族紛争でも「力の論理」では抑えきれず、対話による平和的解決が求められる。こうしてこそ、胡錦濤政権が唱える「和諧社会」（調和の取れた社会）が成立する。

四つ目は過剰なマネーゲーム依存の危うさである。資本主義は「欲」と道連れであり、本質的には投機的要素を内在させている。ＩＴで武装したＦＴ（金融技術）がサブプライムローンのような金融商品を次々生み出し、市民生活の根底にまで「モノを作らず、できれば汗を流さず働かず食う」ための投資ブームが浸透していることに狂気を見るのである。

中国人はもともとギャンブル好きで、「日本人の１０倍も好きだ」という人もいる。北京オリンピック開催までに、借金をしてまで株式に狂奔する中国の個人投資者たちの熱狂ぶりを見れば、過剰なマネーゲーム依存の可能性が決してないとは言い切れない。二〇〇七年五月二十八日、中国の株式口座数は1億口座を突破し、1億27万口座に達した。日本の株式口座数は二〇〇六年六月時点で約1200万口座なので、中国の口座数は日本の約8倍に相当することになる。株式口座開設者の99%が個人投資家たちである。

中国人民銀行の発表によれば、二〇〇七年上半期の新規株式口座開設数は2861万口座で、二〇〇六年一年間で開設された口座数の5・4倍に相当する。二〇〇八年九月のリーマン・ショックを境目に、株式口座数はいったん減少したが、二〇〇九年に入ってからは再び増加に転じた。七月末時点で、なんと1億3000万を突破した。人々は再び株式投資に狂奔しはじめ、バブルの再来を連想させる。

しかし、バブルはいつか必ずはじける。過剰なマネーゲーム依存の危うさが今回のアメリカ金融危機によって十二分に裏付けられている。中国はその教訓を忘れてはいけない。経済を活性化させるため、金融分野のイノベーションが欠かせないが、ルールなきイノベーションが良くない。過剰なマネーゲーム依存という間違った方向へ向かわないためにも、金融分野における健全なチェック・監督体制の確立も絶対必要と思う。

この章では、過去50年間に世界で起こった代表的な10の沈没ケースを紹介してきた。これらを沈没時間の長さで分類してみると、一時的な沈没、中期的な沈没、長期的な沈没の三つのパターンに分けられる。

一時的な沈没は、1~2年にわたって影響が出たケースである。日本の石油ショックによる沈没とアメリカのITバブルによる沈没がこれにあたる。

中期的な沈没は、影響が2~5年前後続いたケースだ。アジア通貨危機による沈没とベトナム戦争によるアメリカの沈没、中国の天安門事件による沈没があてはまる。

それから長期的な沈没としては、日本のバブル崩壊による沈没、ソ連崩壊による沈没、ラテンアメリカ現象による沈没、中国の文革による沈没が該当する。いずれも「失われた10年」と言える。

なお、今回の金融危機によるアメリカ経済の沈没は長期化するか、それとも短期的、或いは中期的なものになるか、今の段階では予断を許さない。

当然、長期的な沈没によるダメージが一番大きく、いまの中国にとって最も警戒しなくてはならない最悪のケースである。

これらの沈没は、それぞれ経済的要因・政治的要因・国際的要因が引き金となっていると分類することもできる。

アメリカのITバブル崩壊による沈没や日本のバブル崩壊による沈没、アジア通貨危機による沈没は、いずれも経済的要素が原因だった。ただし、アジア通貨危機による沈没に関しては国際的要因も絡んできている。

旧ソ連崩壊による沈没、中国の文化大革命による沈没および天安門事件による沈没は政治的要因による沈没とみていいだろう。

国際的要因による沈没としては、日本の石油ショックによる沈没、ベトナム戦争による沈没、先に触れたアジア通貨危機があてはまる。なお、金融危機によるまだ進行中のアメリカの沈没は経済的要因と国際的な要因が重なった結果ともいえる。

これらの沈没のケースのうち、いまの中国が注意しなくてはならないのは、短期的にはバブル崩壊など経済的要因による沈没の発生だ。さらに中長期的に警戒しなくてはならないのは、政治的な要因による沈没である。特に旧ソ連崩壊時に起こったような共産党政権崩壊による大沈没は中国にとって悪夢であり、何としてでも避けたいシナリオとなる。

現在、多くの不安材料を抱える中国が、将来沈没へと向かうのか、それとも懸念材料を一つずつ解決し、安定的な成長を維持するのか、それを確実に予想するのは難しい。過去のケースは参考にはなるが、経済は生きものであり、これまで世界が経験したことのないような未知のケースで中国の沈没が起こる可能性も否定はできない。

5章　上海万博後の中国経済、七つの不安

上海万博後の中国経済、七つの不安

中国経済は今、どんな懸念材料を抱えているか。今後、沈没シナリオはあるかどうか。もしあるとすれば、何が引き金になるのか。仮に経済沈没が発生した場合、それは一時的なものにとどまるか、それとも長期化するか。本章ではこれらの問題に焦点を当てる。

政府の目標では、二〇〇九年の経済成長率を前年より1ポイント低い8%と設定している。事実、二〇〇九年一～三月期の成長率は6・1%、四～六月期は7・9%と、上半期は7・1%の成長率を達成した。下半期から大型景気対策の効果が一層鮮明になり、中国経済は本格的な景気回復期に入ることが期待される。加えて二〇〇八年下半期の成長率はもともと低かったため、二〇〇九年下半期が9%成長を達成すれば、通年、政府目標の8%成長を実現できる可能性が出てくる。たとえ8%が実現できなくても、それに近い成長率、例えば7・5%前後の達成は問題がないと、私は見ている。

二〇一〇年は、上海万博開催と広州アジア大会開催の年である。国民は盛り上がり、経済も上昇気流に乗る可能性が高く、成長率は9%前後になる見通しである。上海万博の終了まで中国経済が挫折するシナリオは、常識では考えにくい。

問題は二〇一〇年以降どうなるか。

二〇一〇年、中国のGDPは日本を追い抜き、世界第二位の経済大国になることが確実視されている。日本を含む世界経済は中国市場に対する期待感が一層高まるのは確かである。

一方、中国経済が多くの懸念材料を抱え、不確定要素が多いことも事実だ。

では、上海万博後の中国経済はいったいどんな不安材料を抱えているだろうか？　整理してみれば、主に次の七つである。

①広がる格差問題をどう是正するか？
②蔓延する腐敗現象をどう根絶するか？
③多発する農民暴動をどう防ぐか？
④民族紛争をどう解決し、真の民族融和をどう実現するか？
⑤二〇一三年の政権交代がスムーズに行われるか？
⑥アメリカによるチャイナバッシングをどう回避するか？
⑦民主主義体制への軟着陸をどう実現するか？

個人的な見方だが、二〇一〇年以降、中国は紛争多発期に入り、政府が下手に対応すれば、経済沈没の可能性さえある。われわれはカントリーリスクとして、上海万博後の中国経済の行方を注意して見ていかなくてはならない。

次は問題別に、中国が抱える七つの不安を詳しく述べていく。

「和諧社会」を空中分解させかねない格差問題

まずは広がる格差問題に焦点を当てる。

北京オリンピック開催、そして上海万博開催。中国の2大国家イベントである。国の威信をかけてぜひ成功させたい。これは政府の思惑であり、大多数の国民の期待でもある。この意味では、国民の期待は政府の思惑とある程度一致している。この2大イベントを成功させるために、国民たちは様々な不満があっても、我慢している。問題は、この二つのビッグイベントが終わってからだ。もし政府が国民の不満に対し、下手に対応すれば、これまで蓄積されてきた国民の不平不満が一気に爆発する恐れがある。これは本当に怖いのだ。

国民の不平不満の矛先はどこに向かうかというと、次の二つの問題に向けられている。ひとつは、格差問題。もう一つは、役人の腐敗・汚職問題。

実際、各地では既に散発的な農民暴動や反政府デモが起きている。二〇〇八年三月チベット暴動、二〇〇九年六月新疆ウィグル族暴動のように、少数民族暴動も起きている。きっかけはそれぞれ違うが、各事件の根底には格差問題と役人の腐敗・汚職問題の存在が共通している。この二つは、中国政府が抱えている「時限爆弾」と言っても決して過言ではない。

今、中国には四つの格差問題が存在する。沿海部と内陸部の地域格差、都市部と農村部の所得格差、富裕層と貧困層の貧富格差および漢民族と少数民族の民族格差である。

まず一つ目の格差、沿海部と内陸部の経済格差である。例えば、中国の中で一番豊かなところは沿海地域の上海市。一番貧しいところは内陸地域の貴州省。一人当たりGDPで言えば、二〇〇七年、上海市と貴州省の格差は10倍弱だった（図24）。二〇〇八年、両者の格差は多少縮められたが、まだ8・3倍の開きがある。

日本では最近、よく「格差社会」と言われるようになっている。二〇〇九年八月の衆議院選挙と2年前の参議院選挙で、自民党がいずれも歴史的な惨敗を喫した。その要因の一つには、格差の問題があった。戦後最長となる好景気がつづいているにもかかわらず、地方や中小企業は景気回復の恩恵受けていない。こうしたことが国民の自民党離れを引き起こしたのだ。

しかし、中国の格差問題の深刻さは日本の比ではない。私は日本の地域格差がいったいどれくらいあるかを調べた。日本で所得が一番高いところは東京都。一番低いところは沖縄県。二〇〇七年両者の格差は2・4倍。ところが同年上海市と貴州省の格差は10倍弱。中国の格差問題の深刻さ、日本よりはるかに格差社会となっている厳しい現実がわかってもらえるだろう。格差が大きいという意味では、中国は日本より「資本主義的な国」と言われても仕方がない。

二つ目の格差は都市部と農村部の所得格差。図25に示す通り、一九八五年、中国の都市部住民の一人当たりの平均所得は、農村部住民の所得の1・9倍だった。しかし、22年後の二〇〇七年、両者の格差は3・3倍に拡大した。これは政府統計の名目上の数字だが、実質的には6倍以上の格差がある。農民たちは雇用保険や医療・介護保険などの社会保険がないし、年金もないからだ。

三つ目は貧富格差だ。中国の政府系研究機関の調査によれば、総人口の10％に相当する豊かな階層の人たちの収入と最も貧しい階層の人たち10％の収入の差は、なんと100倍以上だという。

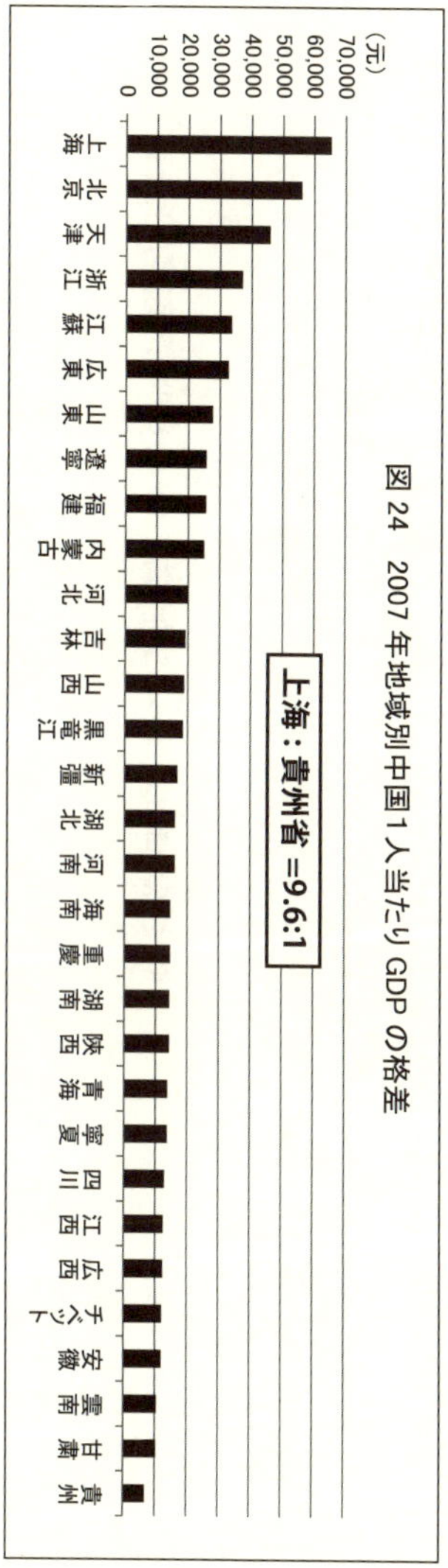

図24　2007年地域別中国1人当たりGDPの格差

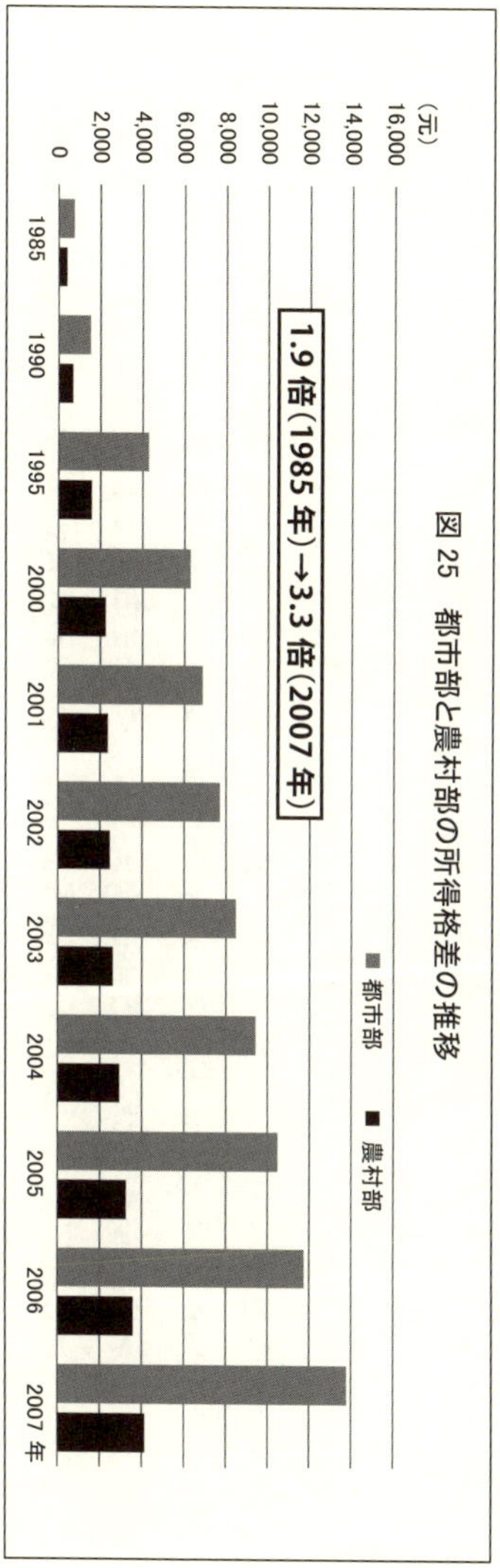

図25　都市部と農村部の所得格差の推移

出所）図24・25ともに「中国統計年鑑」に基づき著者が作成

四つ目は漢民族と少数民族の民族格差である。民族格差については、別項で詳述する。

要するに、貧困層の人たち、農村部の人たち、内陸部の人たち、少数民族の人たちは、いずれも弱者の立場にある。彼らは富裕層の人たち、都市部の人たち、沿海部の人たち、漢民族の人たちに比べれば、高度成長から受けた恩恵があまりにも小さい。豊かな人たちと貧しい人たちとの格差が広がれば、貧しい人たちは不満を抱いていく。さらにその富が非合法的な手段によって構築されたものであれば、不満をとおり越して怒りとなっていくだろう。この格差問題は、農民暴動や民族紛争の背景に共通する理由だ。

胡錦濤政権は今、「和諧社会」（調和の取れた社会）の構築を唱えているが、格差問題を上手く解決しなければ、「和諧社会」が空中分解する恐れがある。

貧困層が中間層に変身する「格差パワー」も見逃すな

前に述べた四つの格差が解消されずに拡大していくことになれば、社会が不安定状態になり、経済成長の持続も脅かしかねない。これを「格差リスク」という。

ただし、格差は社会の不安定要素としてのマイナス面だけでなく、プラスの影響を与える可能性も併せもっていることを認識しておかなければならない。中国が真剣に格差問題解決に力を注ぎ、是正する方向に進めることができれば、その過程で今の貧困層が将来の中間層に移行していく「格差パワー」というものがでてくることも考えられる。

農村部や内陸部、貧困層に属している何億という国民たちは、少しでも暮らしをよくしようと必死に働いている。こうした活力が「格差パワー」の源であり、すでに成熟社会となってしまった日本では見ることができなくなってしまったパワーである。

また、中国と先進諸国との間の格差という点では、一人当たりのＧＤＰで約10倍という格差がある。そうしたことから、国家にもこのギャップを埋めようという強い意識が働いている。

中国にとって80～90年代は、日本を始めとした先進国に追いつくためのキャッチアップの時代だった。格差を縮めたいという中国の強い願望がパワーに転化した結果、経済は急激に発展し、21世紀は日中逆転の時代と言われるまでになってきた。

輸出額や輸入額だけでなく、外貨準備高においても、中国は日本を追い抜くまでに成長してきた。ＧＤＰに関しても、おそらく二〇一〇年に中国が日本を追い抜くだろう。さらに一人当たりのＧＤＰについても、あと20年、30年経てば、中国は日本を追い抜くことも視野に入る。

中国がここまで急激に成長してきたのは、先進国との格差を是正する過程で生じたパワーの影響が大きい。国内での格差を解決していく過程でも同様のパワーが生じれば、格差問題が解消されていくのと同時に、経済成長も実現できる。

格差は国民の間の不公平感を助長する要素であるのは確かだ。しかしその一方で、成長を促す大きな潜在力であるということも事実なのである。

20年前に「天安門事件」を誘発した腐敗問題

二つ目の不安材料は蔓延する腐敗現象である。二〇〇九年は中華人民共和国建国60周年に当たる年であり、「国威発揚」の一大イベントとして、十月一日に軍事パレードも行われた。一方、二〇〇九年は反政府運動の「天安門事件」20周年でもある。この天安門事件を誘発したのは、まさに腐敗問題である。

事件の評価をめぐって、中国政府と反体制派の意見は今も大きく分かれている。反体制派がそれを「民主・愛国運動」と評価しているのに対し、政府側は事件直後に「反革命暴乱」

と決めつけ、その後「政治風波」と言い直し、微妙な変化を見せたものの、事件の抜本的な見直しを見送った形となっている。

だが、たとえ天安門事件への見直しがないにしても、再発防止のために、なぜ事件が起きたかについての検証・反省は必要だろう。

鄧小平氏は事件直後、かつて次のように述べたことがある。「腐敗現象の発生によって一部の大衆が党と政府に対する信任をなくしたことに原因の一つがあった」と、腐敗の蔓延に対する民衆の不平不満を事件発生の重要な原因であると認めている。

客観的にみれば、20年前に100万を超える学生・市民たちが町に出てデモに参加したのは、共産党の支配に反対するためではなく、共産党幹部の腐敗に反対するためだった。

それでは、20年経った現在、共産党幹部の腐敗現象の蔓延に歯止めがかかったか？　答えはノーと言わざるを得ない。腐敗の蔓延に歯止めをかけることができなければ、共産党一党支配の正当性が問われることになり、国民の不平不満が再び爆発する恐れが確実にあると思われる。腐敗問題はまさに中国政府が抱える二つ目の「時限爆弾」である。

腐敗幹部の「若返り現象」

国民党の蒋介石は、共産党との内戦に敗れ中国大陸を追われて台湾に逃げる1年前の一九四八年一月に行った講演の中で、驚くほどの率直さで次のように述べている。

「率直にいうと、古今東西のいかなる革命政党といえども今日のわれわれほど腐敗した政党はないし、今日のわれわれほど気力も規律も是非の基準も存在しない党はない。こんな政党はとっくに淘汰、消滅されてしまうべきだったのだ」（香港「文匯報」一九九三年九月一三日記事）。

蒋介石の国民党は、日中戦争が終わった時点で共産党に対して圧倒的に優勢な政治・軍事勢力を持っていたが、内戦が始まると、たちまち一敗地に塗《まみ》れた。その大きな原因の一つに、まさに蒋介石氏が指摘したように、国民党のあまりの腐敗ぶりが挙げられる。

ところが、それから60年。いま共産党政権自身も当時の国民党と同じように深刻な腐敗問題を抱えている。

国際透明度組織（Transparency International）の最新発表によれば、国の廉潔度を示す腐敗認識指数は世界180ヵ国・地域のうち、中国は72位で、主要輸出国12ヵ国のうち、腐敗が一番蔓延している国とされている。ちなみに1～10位はデンマーク、ニュージランド、スウェーデン、シンガポール、フィンランド、スイス、アイスランド、オランダ、オーストラリア、カナダの順となっている。日本は18位、アメリカは19位。中国を除くBRICsのほかの3ヵ国はブラジル80位、インド85位、ロシア147位だった。

中国で広がっている腐敗現象は二つの特徴から成り立っている。一つはカネで、贈収賄の金額がケタ違いに大きい。二つ目の特徴は女、つまり愛人スキャンダルが幹部腐敗のつきものだ。検察当局の高官によれば、摘発された腐敗幹部の95％に愛人問題がある。

いったい、中国の腐敗幹部の収賄金額はどのくらいあるだろうか。中国のある新聞社は、局長・課長クラスの汚職幹部30人を対象にアンケート調査を実施した。結果は驚くほどのものだった。二〇〇八年、この30人の一人当たりの平均収賄金額は、日本の円に換算すれば、なんと1億3000万円という巨額なものとなる。ちなみに、日本では二〇〇九年三月に収賄容疑で千葉市長が逮捕された事件がマスコミに報道されたが、収賄金額は100万円程度。単純に金額で比較すれば、中国の汚職事件の収賄金額がどれほど大きいかがわかる。

もう一つ面白い調査データがある。年齢層で言えば、どの年齢層に一番汚職幹部が出るのか。結果は40代。孔子の《論語》では、40歳を「不惑の年」と位置付けるが、今の中国では40代の幹部が惑わずに腐敗するというブラックジョーク式「論語新解」が流行っている。

かつて、59歳の腐敗幹部が多かったため、「59歳現象」といった流行語が誕生した。なぜ「59歳現象」なのか？　60歳が定年となっていたので、60歳の定年直前に可能な限りのお金を不正に入手し、定年後の生活を安定させようという役人根性をもつ人が多かったからだ。ところが、今は59歳現象どころではなく、30代、40代の人間に多くの逮捕者が出ている。まさに腐敗に手を染める人間の若返り現象だ。

腐敗の若年化は、共産党幹部の若返りが党内で進められ、若くして権力を得る人が増えた結果でもある。若手幹部にしてみれば、いまや60歳定年まで順調に自分の地位を高めていけるという保証はどこにもない。ならば確実な権力があるうちに、私腹を肥やそうと躍起になるのである。

なぜ汚職スキャンダルは後を絶たないのか？

現在、胡錦濤政権は、こうした腐敗現象を撲滅することに力を注いでいる。しかしながら、一向に成果が上がっていない。おそらく今後も成果が見られるのは難しいだろう。なぜなら、現在の政治体制が腐敗の撲滅を困難にしているからである。

近年、共産党高級幹部が関係する汚職事件やスキャンダルは後を絶たない。二〇〇六年以降だけでも、上海市や青島市のトップ、北京市の副市長、天津市の検察庁長官、済南市市議会の議長、さらには人民解放軍の海軍副司令官といった幹部たちが相次いで逮捕された。一九九五年～二〇〇七年七月に摘発された副大臣、副省長クラス以上の高級幹部の数は合計で74人にものぼり、死刑判決も含めた厳罰に処されている。

さらに二〇〇八年、最高裁判所のナンバー2も汚職で逮捕された。二〇〇九年に入って、許宗衡・深圳市長、鄭少東・公安相補佐、王華元・浙江省紀律検察委員会書記、陳紹基・広東省政治協商委員会議長など政府高官も汚職事件で相次いで摘発・逮捕された。

公安省、紀律検察委員会など共産党幹部の腐敗をチェックする部門のトップたちも今、腐敗に手を染めており、チェック機能が全く機能してないのが実情である。

なぜ腐敗現象はここまで蔓延してきたか？

実際、中国は共産党一党支配の国であり、共産党が全ての組織を管理し、チェックする権限をもっている。ところが、共産党をチェックし、監視する機関が中国には存在しない。中国には三権分立といった体制が欠如しているのだ。民主主義国家では、しばしば政府を監視する役目を果たすマスコミが存在するが、中国では報道の自由が共産党によって規制されているため、マスコミによるチェック機能も働かない状況である。

こうした事情があるため、いくら中央政府が腐敗一掃キャンペーンを行っても効果は一時的なものに過ぎず、撲滅までにはいたらないのだ。共産党を監視できるような組織が存在しない限り、今後も汚職事件はなくならないだろう。だからといって共産党一党支配体制をいますぐに変えるということは不可能な話である。

胡錦濤政権は幹部の腐敗に対しては厳しい態度で臨んでいくはずだ。しかし、次から次へと共産党幹部たちの汚職事件が発生すれば、国民の怒りが一気に爆発することも考えられる。20年前の「天安門事件」のような事件の再発も決して杞憂でもない。

中央政府を震撼させた四川省農民暴動

三つ目の不安材料は多発する農民暴動である。

前に述べたように、貧困層、農村部、内陸部、少数民族の人たちは富裕層、都市部、内陸部、漢民族の人たちに比べれば、高度成長から受けた恩恵が少ない。豊かな人たちと貧しい人たちとの格差が広がれば、貧しい人たちは不満を抱く。その富が汚職など非合法的な手段によって構築されたものであれば、なおさら、溜まった不満は一気に噴出しやすい。

実際、これまではひたすら耐えることの多かった国民だが、最近では抗議行動や農民暴動といった形で自分たちの怒りを爆発させるケースが増えている。二〇〇五年だけでも暴動や抗議行動の数は８万７０００件にのぼった。そのほとんどが小規模なものであるが、なかには中央政府を震撼させるような大規模な農民暴動も起きている。

外国ではあまり報道されなかったが、二〇〇四年、四川省漢源県で10万人規模の農民暴動が起き、四川省の党書記が農民たちの人質になるという事件が発生した。

この暴動のきっかけは、漢源県に発電所を建設するというプロジェクトのために農民たちが立ち退きを迫られたことにあった。

発電所を建造するためには、そのための土地を確保しなければならない。そこで省政府は農民たちに補償金を与え、立ち退きを迫った。

ところが立ち退きのための補償金は農民を満足させられるような額ではなく、一気に不満が爆発した。さらに用意された補償金の一部を腐敗幹部が横領していたこともわかり、10万人規模の暴動にまで発展してしまった。

怒り狂った農民たちは、まず発電所の建設現場を包囲した。そのため発電所建設は中断を余儀なくされてしまう。農民を排除し、工事を続行させようとした地方政府は、武装警官を出動させた。ところが農民たちの意思は固く、結局10万人の農民と武装警官が対峙するという一触即発の状況に陥ってしまった。

事態打開のため、四川省共産党のトップである張学忠党書記が自ら農民暴動の現場に駆けつけ、説得調停に乗り出した。しかし張書記は説得に失敗し、農民たちの人質になってしまうのだ。

そこで、中央政府は国務院の副秘書長（日本の内閣副官房長官に相当）と公安部の副部長（日本の副大臣に相当）をトップとする中央工作組を現地に派遣し、事件処理にあたらせた。当時の副秘書長は、その後重慶市の党書記を経て二〇〇七年十月に開かれた第17回全国共産党大会において政治局委員に抜擢された現広東省書記の汪洋氏だった。

胡錦濤国家主席と温家宝首相からの指示を受けた汪洋氏は、さっそく現地へ急行し、説得工作を行った。腐敗幹部たち三人を即断即決で免職すると同時に、①発電所建設の一時中止、②農民たちは暴動を中断すればこれまでの行為については処罰しないこと、③農民たちの納得できるだけの補償金を与えるなど三つのことを約束した。解決のために辣腕を振るった汪洋氏の活躍もあり、農民たちの怒りは緩和され、ようやく暴動は沈静化されていった。

農民が地方政府のトップを人質に取るという事件は新中国樹立後初めての出来事であり、中国政府に大きな衝撃を与えた。この事件は、農民たちがどれだけ追い詰められているか、また役人の腐敗がどれほど国民の怒りを買っているかを浮き彫りにした。

ここで紹介した四川省のケースは決して例外でない。いま、中国各地の農村部で暴動の火種がくすぶっている。きっかけはさまざまだが、その背景に「格差」と「腐敗」の存在が共通している。将来、何らかの問題が起こり、その問題への中国政府の対応があまりにも農民を無視したようなものになれば、くすぶった火種が爆発する恐れもある。

歴史を振り返れば、農民暴動は常に大きな脅威であることがわかる。中国のほとんどの歴代封建王朝は二つの要因で滅んできた。一つは異民族の侵入による滅亡、もう一つは農民蜂起による滅亡である。

この二つのうち、特に脅威なのが、農民蜂起だ。中国の歴史をみると、じつに多くの農民蜂起によって歴史が動いていっている。

実際、共産党政権は「農民革命」の形で蒋介石の国民党から政権を奪っている。それを考えただけでも、将来大規模な暴動が起きる可能性は充分に考えられる。

ただし、いますぐに国家を転覆させるような大規模な農民暴動が発生する可能性は極めて低いとみるべきだ。

全国的にみれば、農民たちはまだ絶望的な状況にまで陥っていない。都市部住民に比べて収入の上がるスピードは遅く、格差は広がるばかりだが、急速な経済発展に伴い、彼らの収入も上がってきている。不満を感じている農民がいるのは事実だが、豊かになったと感じている農民たちも実際には多いのだ。

また、農民工として出稼ぎに出れば、確実に収入は増えることになる。働きが認められれば正規労働者として雇用されるチャンスもある。働きながらお金を貯め、才能がある人たちは自らビジネスを起こして個人経営者になるという望みもあるのだ。こうした希望がある限り、農民たちは暴動を起こすよりも豊かな生活を目指して働くほうを選択する。

中国には日本の農協のような全国的な農業組織がないことも全国規模の暴動が起きにくい状況をつくっているといえる。中国の各農村は横のつながりをもたず、分断されているのだ。中国共産党の一党支配の特徴は、農村の分断統治でもある。各村、各県の農民たちは農協のような統一組織をもつことを許されていない。こうした事情からも、全国的な同時暴動がいますぐに起きる可能性は低いといっていいだろう。

なぜチベットと新彊ウィグルで暴動が起きたか？

不安材料の四つ目は、チベット暴動、新彊ウィグル暴動に見られる民族紛争である。胡錦濤政権は漢民族と少数民族間の民族紛争を解決し、真の民族融和を実現できるかどうか、世界からも注目される。

中国には漢民族以外にチベット族、朝鮮族、モンゴル族、ウィグル族、壮族（チワン族）、回族など55の少数民族がいる。全国13億人口のうち、91・6％が漢民族であり、残る8・4％が漢民族以外の少数民族の人たちである。これらの少数民族のほとんどは中国の西部、南西部、北西部、東北部など国境地域に集中しており、漢民族の居住地域を囲んだ形となっている。中国ではかつてインド、旧ソ連、ベトナムとの間に、国境戦争が起きたことがある。

地政学的に見れば、今の中国の安全・保障は、少数民族居住地域によって、〝外敵〟から守られているのである。言い換えれば、少数民族居住地域は現代版の「万里長城」の役割を果たしているといっても決して過言ではない。

極端な話だが、仮にこれらの少数民族が全部独立すれば、現代版「万里長城」が崩壊し、中国の安全・保障は〝外敵〟の脅威に曝されてしまう。さらに、少数民族の独立で中国の人口は一割弱しか減らないが、国土面積が一気に4割ぐらい減少し、生活・生存の意味でも安全・保障問題が生じる。中国政府はチベットや新疆ウィグル族などの民族独立を絶対に認めない最大の理由は、まさにここにあると思う。

中国政府は少数民族に対し、「一人っ子政策を実行しない」政策、定額生活補助金制度（例えば、漢民族居住区に住むイスラム系住民を対象）など優遇措置を取ってきた。近年、インフラ建設（例えばチベット鉄道）をはじめ、少数民族居住地域振興策も打ち出している。政府はこうした「民族融和」を演出してきたが、効果は限定的なものにとどまっている。二〇〇八年チベット暴動、二〇〇九年新疆ウィグル暴動に示されるように、中国政府の今の少数民族政策は限界を見せており、その見直しが迫られる。

なぜチベット暴動や新疆ウィグル暴動など少数民族の暴動が起きたか。その背景には、そもそも文化的・宗教的な違いがあるのは確かだ。しかし、最大の要素はやはり民族格差にあるのではないかと、私は見ている。

民族格差と言えば、目立つ問題は二つある。一つは経済格差である。歴史的・地理的な原因もあるが、現実的な要因としては、改革・開放政策の導入の遅れによって、少数民族地域は中国の高度成長から取り残されている。言い換えれば、少数民族の人たちは漢民族に比べて、高度成長から受けた恩恵は少ない。例えば、二〇〇八年チベットの一人当たりGDPは13861元（20・6万円相当）、新疆は19893元（同29・5万円）、上海市の73124元（同108・5万円）に比べれば、それぞれ五分の一弱、四分の一強に過ぎない。その貧富のギャップが大きい。少数民族の人たちの不平不満は、まさにこのような貧富格差から生じるのである。

民族格差の二つ目は政治格差である。現在、中国にはチベット族自治区、新疆ウィグル族自治区、内蒙古自治区、寧夏回族自治区、広西壮族（チワン族）自治区など五つの少数民族自治区がある。形としては民族自治区だが、肝心の人事権と財政権はいずれも北京の中央政府が握っており、少数民族自治区には実権がない。これは、日本の地方自治体とは大きく違う。

一つの例を挙げる。各自治区政府の行政トップは少数民族の人間が担当するが、党書記は中央政府から派遣される漢民族の人がなる。党書記が市長、省長より偉いことは中国の常識だ。中央政府は党書記を通じて、少数民族自治区を支配・監督するのである。

二〇〇八年のチベット族暴動。二〇〇九年の新疆ウィグル族暴動。いずれも武装警察によって鎮圧された。しかし、「力の論理」では問題の解決にならない。これまでの少数民族政策を見直し、真の民族和解を実現しなければ、新たな暴動が待ち受けている。

二〇一〇年上海万博開催期間中、民族紛争は特に要注意である。二〇〇八年の北京五輪開催直前に発生したチベット暴動、その後相次ぐ世界各国の抗議行動をみれば、上海万博開催は反政府勢力にとって自分の存在を世界にアピールする絶好のチャンスに違いない。

二〇一三年の政権交代がスムーズに行われるか？

五つ目の不安は二〇一三年の政権交代がスムーズに行われるかどうかである。

二〇〇二年、第16回共産党全国大会が開催され、江沢民氏から胡錦濤氏へのバトンタッチが行われた。胡錦濤氏は中国共産党のプリンスとして、共産主義青年団書記、貴州省党書記、チベット自治区党書記を歴任した後、当時の最高実力者鄧小平氏と党内長老・宋平氏の推薦を受け、一九九二年に49歳の若さで中央執行部入りを果たし、政治局常務委員（7人）の最年少メンバーとなった。その後、胡氏は江沢民総書記を補佐し、中央書記局書記、中央党校

（党の高級幹部養成学校）校長、国家副主席、中央軍事委員会副主席など重要ポストを無事にこなしてきた結果、遂に二〇〇二年の党大会で総書記に選ばれた。翌年の二〇〇三年三月に国家主席に就任して胡錦濤体制が正式に発足した。

新中国樹立後、中国共産党はこれまで4回のトップ交代を経験したが、いずれもクーデター（例えば毛沢東死去後の四人組逮捕による華国鋒のトップ就任）や前任者の失脚（例えば、華国鋒、胡耀邦、趙紫陽）に伴うものだった。江沢民から胡錦濤へのバトンタッチは、そのプロセスに確かに不透明な一面が残るものの、新中国史上初めて平和的な党トップ交代を実現した点では評価される。

二〇一三年はまた政権交代の年になる。今の胡錦濤政権から次の政権に移る。

第2章に既に述べたように、中国経済は「政変」に弱い特質を持っており、かつて5回も経験した経済挫折が例外なくすべて「政変」に絡んでいた。13年の政権交代は「政変」になるかどうか、権力移行がスムーズに行われるかどうかが注目される。

中国に限らないが、政権交代の時期というのはどうしても権力闘争が起きやすくなる。この時期、共産党内部での権力闘争が激化し、国家指導体制に混乱が生じれば、社会が不安定化する恐れがある。

二〇〇三年、江沢民政権から胡錦濤政権への政権交代が行われた際、激しい権力争いは起こらなかったが、国内ではＳＡＲＳ（重症急性呼吸器症候群）の問題が発生してしまった。政権交代して間もない時期であり、新体制が整っていなかったために対応は後手後手に回った。そして二〇〇八年三月には、チベット暴動が起きた。これも公安トップを含む中央政府の構成メンバーが多数交代した時期に起きた騒動である。

来る二〇一三年、仮に権力の移行がスムーズに行われず、同時に国内で大きな突発的事件が起こるようなことになれば、政府が上手く対応できずに大きな混乱を招くことも考えられる。政権交代の年は、「権力闘争の激化」と「突発的な事件への対応の遅れ」という二つのリスクがあるということを念頭に入れておかなければならない。

ポスト胡錦濤の最有力候補は習近平氏!?

二〇一三年の政権交代に絡む最大の関心事はやはりポスト胡錦濤の人事問題だろう。

二〇〇九年九月に開かれた中国共産党四中全会で、注目される国家副主席習近平氏の中央軍事委員会副主席就任の発表はなかった。これによって、日本のマスコミは「ポスト胡錦濤体制に向けた展望は視界不良」とコメントしているが、著者は現時点でポスト胡錦濤の最有力候補は習近平氏であることに変わりがないと見ている。党内の序列順位から見ても年齢的に見ても習氏は総書記というポストから至近距離にある人物であるからだ。

党トップ交代予定の二〇一二年秋、中央執行部メンバー九人のうち、序列一位の胡錦濤・総書記、二位の呉邦国・「全人代」委員長、三位の温家宝首相、四位の賈慶林・全国政治協商会議議長、五位の李長春・政治局常務委員、八位の賀国強・党紀律監察委員会書記、九位の周永康・政治法律委員会書記らはいずれも引退の年齢になり、現職から退く。残るのは六位の習近平氏（56歳）と七位の李克強副首相（54歳）二人だけだ。現在、習近平氏は国家副主席を務めるほか、党中央書記局筆頭書記と中央党校校長も兼務している。この三つのポストはいずれも胡錦濤氏が総書記に就任する前のポストである。言い換えれば、習氏は総書記というポストから至近距離にある人物である。習近平氏によほど大きな失点がない限り、李克強氏が習氏を逆転することは難しい。

中国では、軍を掌握しない党のトップはその地位が危うくなるという経験則がある。華国鋒・元党主席、胡耀邦と趙紫陽両元総書記、3人とも党のナンバーワンに就任したが、中央軍事委員会主席のポストが最高実力者の鄧小平氏に握られたため、結局、三人とも鄧小平氏らとの権力闘争に負けて失脚の運命を辿ったのである。その教訓から、江沢民・前国家主席以降、党のトップが軍のトップを兼任するのは慣習となる。今の胡錦濤国家主席も党総書記を務めながら軍のトップも兼任している。この意味では、習近平氏の軍のナンバー2への就任はあるかどうか、あるとすればいつ就任するかが次の共産党トップ人事を占う上では非常に意味がある。

著者は遅くても二〇一〇年秋に習近平氏が中央軍事委員会副主席に選ばれると予測する。この予測が外れなければ、その時点で、ポスト胡錦濤のトップ人事はほぼ固まる。天安門事件のような突発的な事件がなければ、習氏は二〇一二年秋の第18回党全国代表大会で党の総書記に選ばれる。さらに翌年の二〇一三年三月に開催される全人代の承認を経て、国家主席に就任する。これをもって、習近平体制は正式に発足する。

江沢民前総書記が党のトップを二期、胡錦濤総書記も二期務めることから判断したら、仮に習近平氏が次期総書記に就任すれば、二期10年の長期政権になるだろう。

しかし、習近平政権の誕生とはいえ、胡錦濤氏はすぐ政権の中枢から消えることもなさそうである。習近平体制の後見人として、胡錦濤氏は彼の前任である江沢民氏のように、暫らく中央軍事委員会主席のポストにとどまる可能性が高い。例えば、二〇一五年までである。

そうすれば、一期目の習近平政権は依然として胡錦濤氏の影響下にあり、自分のカラーを前面に打ち出すことを控えるのが特徴になる。全面的に自分のカラーを打ち出すようになるのは、たぶん中央軍事委員会主席に就任してからの一期目後半、或いは二期目に入ってからのことになるだろう。いずれにしても、習近平氏の自分の権力基盤が強化された後の話だ。

次期首相は「治世の李克強、乱世の王岐山」

ポスト胡錦濤の総書記人事に次ぐ関心事は、ポスト温家宝の首相人事だ。

次期首相の有力候補として、李克強、王岐山両副首相および汪洋広東省書記、薄希来重慶市書記などの名前が挙げられている。そのうち、李克強氏が最も有力と、私は見ている。

53歳の李氏は56歳の副国家主席習近平氏とともに、若手リーダーとして、最高権力者のポストに最も近い政界のホープと見なされる。習氏は福建省長、浙江省書記、上海市書記を歴任。一方の李氏は共産主義青年団中央書記、河南省書記、遼寧省書記を歴任。二人とも華麗なる経歴の持ち主である。二〇〇七年秋、二人とも50代の若さで共産党中央委員会政治局常務委員に当選し、翌年三月の全人代で習氏は副国家主席、李氏は筆頭副首相にそれぞれ選出された。党常務委員9人のうち、李氏は最年少、習氏はその次となる。

二人の違いと言えば、習氏は清華大学卒、李氏は北京大学卒。習氏は法学博士号をもち、李氏は経済学博士号を持つ。習氏は中央執行部入りまで胡錦濤総書記との直接的な接点がなかったのに対し、李氏は一九八三〜八五年共産主義青年団中央勤務期間、当時の団中央書記の胡錦濤氏の部下だった。習氏は元副首相の父親を持つ「太子党」、李氏は庶民出身の「団派」。対照的な二人である。

「太子党」とは、共産党高級幹部を親にもつ人たちを指すが、「団派」とは胡錦濤総書記の出身母体である共産主義青年団出身者をいう。そのほか前国家主席江沢民氏を親分として出世した上海出身者もしくは上海勤務経験者は「上海閥」と呼ばれる。

「太子党」「団派」「上海閥」は、中国の政界を牛耳る3大政治勢力である。3大「派閥」と言われるが、実はいずれも組織の実態がなく、国民の呼び方だけで成り立っている。

二〇一二年秋の共産党全国代表大会および翌年二〇一三年三月の全人代における人事面の注目点は、まさにこの3大勢力による政治権力の再配分がどのように行われるかということである。今の段階で私が言えるのは、「団派」の台頭と「上海閥」の地盤沈下が同時進行の形で進み、「太子党」が一層活躍することが予想される。

話は次期首相人事に戻る。李克強筆頭副首相は、次期首相の最有力候補として、次のいくつかの有利な条件を備えている。

まず副首相の優位性である。副首相から首相を選ぶのは中国の慣例。初代の周恩来首相を除く歴代の首相人事は、この慣例を破ったことがない。2代目の華国鋒首相、3代目の趙紫陽首相、4代目の李鵬首相、5代目の朱鎔基首相、6代目の温家宝首相などは、全部副首相というステップを経て首相に昇格したのである。汪洋広東省書記、薄希来重慶市書記二人は副首相に昇格できない限り、次期首相レースから外される。副首相を経験しなければ、いきなり首相の職務をこなし、国務院（内閣相当）を指揮することはとうてい無理な話である。

二つ目は筆頭副首相の重さ。現在、4人の副首相がいるが、首相不在の時、筆頭副首相だけ首相代行として職務を履行することができる。

三つ目は若さが武器になる。政治の安定、政策の連続性を保つため、首相の任期は党総書記の任期と同じ、二期10年が望ましい。つまり、中国は長期政権を目指している。二〇一三年三月の全人代で次期首相を決める。年齢的にみれば、四人の現役副首相のうち、二期10年の任期をこなすことができるのは李克強氏のみ。ほかの三人は二〇一三年になると、王岐山65歳、回良玉68歳、張徳江67歳となり、いずれも引退の年齢になる。

最後に、李氏は「団派」の長兄格的な存在であり、親分の胡錦濤総書記とは非常に親密な関係にある。「太子党」の習近平氏を総書記にし、「団派」の李克強氏を首相にする習近平・李克強体制は、党内ではバランスが取れる。

従って、非常事態が発生しない限り、李克強氏は二〇一三年に首相になると思う。

ただし、不測の事態が起きれば、金融・経済通と言われる王岐山氏の出番も回ってくるかもしれない。一九九七年アジア通貨危機の際、当時中国建設銀行行長を務めていた王氏は、「落下傘」として、中央政府に広東省常務副省長を任命された。彼は辣腕を振って、債務超過の広東省国際投資公司の破綻処理など、同省の金融機関の不良債権処理に成功した。二〇〇三年新型肺炎（SASS）が発生すると、また海南省書記から北京市長に転職を命じられた。SASSの蔓延に歯止めをかけるために、彼は陣頭指揮を取り、短期間に成功を収めた。二〇〇八年三月、金融担当の副首相に就任すると、今度はアメリカ発の金融危機が発生し、王氏はまた辣腕を振って、いち早く金融引き締めから金融緩和へ政策転換を断行し、金融危機の影響を最小限に抑えることに成功した。王岐山氏の危機対応の手腕・能力が国内外に高く評価される。

二〇一三年までに、仮に非常事態が発生すれば、王岐山氏は次期首相として出番が回ってきても不思議ではない。いわゆる「治世の李克強、乱世の王岐山」である。ただし、年齢的に考えれば、仮に王氏は首相になった場合、5代目の朱鎔基首相と同様、1期5年の任期になるだろう。

アメリカによる「チャイナバッシング」をどう回避するか？

六つ目の不安はアメリカによる「チャイナバッシング」の恐れである。

二〇一〇年、中国の経済規模が日本を上回り、米国に次ぐ世界第2位の経済大国になる。これは中国にとって喜ばしいことだが、一方、危険を孕むことも認識すべきだ。その危険はまさに米国による中国叩き、チャイナバッシングが起きることである。

米国は、自分を脅かすライバルの存在を絶対に許さない。かつて日本が一人当たりのGDPで米国を抜いてG7（先進7カ国）のなかでナンバーワンになったとき、米国によるジャパンバッシングが起こったことを、皆さんは覚えているだろう。中国が日本に代わって世界第2位の経済大国になると、米国によるチャイナバッシングも起きることは容易に想像できる。

ただし、アメリカによる「チャイナバッシング」がすぐ起こるとはなかなか考えにくい。なぜなら、今のアメリカは金融危機に襲われ、景気後退が続いており、「中国叩き」の余裕はないからだ。それどころか、「G2」＝米中二大国時代を喧伝するように、「中国頼み」を強めている。世界最大の外貨保有国であり、最大の米国債保有国でもある中国との関係をめちゃくちゃにすれば、アメリカの景気回復さえ危うくなる恐れがある。これはアメリカにとって、得策でないことが明らかだ。当面、米中二大国の「協調」演出が続くだろう。

今のような米中関係を非常に的確に表した言葉がある。クリントン政権時代の財務長官で、現オバマ大統領経済諮問委員会議長を務めるサマーズ氏がかつて述べた「米中金融恐怖バランス」という表現だ。

中国とアメリカの関係を「金融恐怖バランス」という言葉で特徴づけるのは、東西冷戦中に先に核兵器を使うことを抑制し合っていた米ソの核恐怖バランスのようなもので、どちらが先に貿易戦争や金融戦争を仕かけたとしても、結果的に両国の経済はともに破綻してしまうという状況を示している。

金融危機発生前、中国は大量に米ドルを買いとっているが、これを中国はやめられない。なぜなら、仮にやめてしまうと、アメリカの購買力が落ちてしまうからである。中国経済の成長の源泉の一つはアメリカ国民の中国製品に対する購買力にある。中国が米ドルを買うのをやめてしまえば、アメリカの購買力を冷え込ませ、中国経済、ひいては世界経済も大きな打撃を受けてしまう。中国は自国の経済成長を損ねないためにも、米ドルを買いつづけるしかないのである。

アメリカにしてみても、中国を制裁するというような行動は簡単にとることができない。仮に安くて品質がいい中国製品に対する制裁措置を発動すれば、米国経済にも影響が必至となり、インフレを招く恐れがあり、失業率も高くなる可能性がある。こうした事態はアメリカ政府も絶対に避けたいところだ。

金融危機発生後、米中「金融恐怖バランス」が一層鮮明になっている。中国の外貨準備高は二〇〇九年六月末時点で2兆ドルを突破し、2兆1316億ドルにのぼり、日本の2倍に相当する。二〇〇六年初めて日本を上回って以降、3年連続で世界最大の外貨準備高保有国となっている。

中国の外貨保有高のなかには、8015億ドル規模の米国債が含まれ、これも二〇〇八年九月に日本を抜いてから世界一を保ち続けている。膨大な額の米国債をもつことは、いわばアメリカ経済を「人質」にとったようなもので、大きな交渉カードとなる。

一方、アメリカ発金融危機の発生で、中国が保有する米国債は逆にアメリカの「人質」にもなりつつある。オバマ政権は景気刺激策として、巨額の米国債を発行している。しかし、米国債を大量発行すると、その価値が下がり、米ドルの信認が揺らぐ。米国債の安全性について、中国の温家宝首相も「正直にいえば少し心配している」と発言し、不安をあらわに示している。中国国内では「外貨準備を米国債以外にも振り向けるべきだ」という意見が根強い。

とはいえ、中国は米国債を大量に売却することができない。売却すれば米ドルが暴落し、世界金融市場が大混乱に陥り、中国も大きな被害を受けざるをえないからだ。2兆ドル以上の外貨準備高のなかには米国債の他に米ドル金融資産もある。8000億ドル規模の米国債と米ドル金融資産を合わせれば、2兆ドルのうち7割弱が米国関係となる。

ということは、つまり米ドルが1割暴落すれば、中国は1400億ドルの損失を被ることになり、簡単にこの交渉カードは切ることはできないのだ。同時に、アメリカも巨額の景気対策を実施するために、中国に米国債を買い続けてもらわなければ首が回らない。「中国頼み」を続ける限り、軽々しく中国を制裁することはできない状況になっている。

例えば、経済や安全・保障分野の懸案を協議する米中両国の初の「米中戦略・経済対話」

は、二〇〇九年七月二十七日にワシントンで開かれた。その前身、ブッシュ政権下の二〇〇六年十二月に発足した経済戦略対話は、米国が中国に人民元レートを切り上げるよう圧力をかける場と位置付けていた。ところが、それから二年半が経った現在、攻守は逆転。就任前に「中国の為替操作」を問題視したガイトナー財務長官も、人民元問題を完全に封印している。米中関係の焦点は「人民元」から「米国債」に変わった。中国側も米ドルに代わる「新たな基軸通貨」問題に触れず、金融危機を克服するために引き続き米国との協力関係を強化する姿勢を打ち出している。米中双方とも「協調」演出に腐心しているのだ。

従って、当面、アメリカは「人民元問題」を封印し、中国は米国債を大量に売却しないという「金融恐怖バランス」は続くだろう。

しかし将来、アメリカ経済は景気回復を実現し、イラク戦争とアフガン戦争の泥沼からも脱却すれば、今の「中国頼み」から「中国叩き」に方針転換を行う可能性は十分あると考えられる。その時、「人民元問題」は再びアメリカの中国を攻めるカードとして浮上し、元切り上げ圧力を強めるだろう。中国はどんな対応を取るか、アメリカによる「チャイナバッシング」をどう回避するかが再び注目される。

政治の民主化は21世紀中国の最大の課題

七つ目の不安は政治民主化の問題である。

中国が抱える格差問題、腐敗問題、民族問題、人権問題および環境問題など様々な問題は、最後は「政治」に行き着く。21世紀中国の最大の課題は実際、経済問題ではなく、政治の民主化問題である。

世界各国の経験則によれば、国民が豊かになればなるほど、経済の自由化だけでは満足できず、政治の民主化も求める。特に一人当たりＧＤＰが３０００ドルを超えると、分厚い中間層が形成され、自由、民主、人権など人間の基本権利を求める民主化運動は活発化する。

二〇〇八年、中国の一人当たりＧＤＰは既に３０００ドルを突破し、二〇一三年には５０００ドル前後、二〇二〇年には1万ドルに迫る見通しである。豊かさを手に入れた国民たちは、政治の民主化を求め、民主化運動の機運が高まる可能性が十分にあると思われる。

しかし、20年前の天安門事件のような政治民主化運動が起きれば、政治が混乱に陥り、経済成長が挫折する恐れがある。

従って、いかに政治体制のソフトランディングを実現し、現在の共産党一党支配体制から民主主義体制へ移行するかが上海万博後の中国経済にとって最大の課題といえよう。

五輪開催は独裁を崩す

長い目で見れば、現在の共産党一党支配は永続するはずがない。経済成長と国民の豊かさの実現は結果的には独裁を崩すからである。五輪開催国の経験をみよう。

第二次世界大戦終結後、ロンドン（一九四八年）から前回アテネ（二〇〇四年）まで、計15回の五輪のうち、新興国の開催は3回もあった。一九六四年の東京、一九六八年のメキシコ、一九八八年のソウルである。

では、五輪開催は新興国にどのような変化をもたらしたのか。

第一に、五輪開催は新興国に経済成長の果実をもたらす。日本の例を見よう。一九五八年の招致成功から一九六四年東京五輪開催までの7年間、日本の年平均経済成長率は10％を記録した。五輪開催から第一次石油ショック（一九七三年）までの8年間も同9・3％を保った。五輪開催をはさんで、前後15年の高度成長が続いたのである。

韓国もほぼ同様である。一九八一年のソウル五輪招致成功から一九八八年の開催までの7年間の年平均経済成長率は9・3％。五輪開催から一九九六年のOECD（経済協力開発機構）加盟までの8年間も同7・4％と高かった。韓国も五輪開催前後15年の高度成長を経験した。メキシコは、招致成功後の一九六三年から開催年（一九六八年）までの6年間、年平均経済成長率7・9％、一九六九年から一九八一年までの13年間は同6・4％と、計19年の経済成長が続いた。

第二に、先進国入りの実現だ。日本は東京五輪開催の一九六四年、OECD加盟を果たした。メキシコは五輪開催から二六年後の一九九四年、韓国はソウル五輪開催8年後の一九九六年にそれぞれOECD加盟国になった。

第三に、独裁政権の維持が難しくなり、民主主義体制への移行が実現されたことである。韓国では五輪開催直前の一九八七年に直接選挙の導入、言論の自由、政治犯の復権などが実現され、独裁政権に幕を閉じた。旧ソ連ではモスクワ五輪（一九八〇年開催）11年後の一九九一年に共産党独裁政権が崩壊し、民主主義体制への移行が始まった。メキシコでは五輪開催を前に民主化運動が盛り上がり、開幕の10日前にメキシコ市中心部で軍隊が学生、市民を武力弾圧し、死傷者数百人の大惨事となった。しかし、32年後の二〇〇〇年に、71年間も続いてきた国民革命党の一党独裁にピリオドが打たれ、民主主義体制への移行が実現された。

二〇〇八年北京五輪開催まで、五輪開催経験国には独裁政権国は一つもない。

長いタイムスパンで見れば、北京五輪開催も中国が「先進国」と「民主主義国家」へ脱皮する「成人式」であることは間違いないだろう。民主主義体制への移行は痛みを伴う長いプロセスだろうが、将来は中国も日本、韓国、メキシコのように先進国への脱皮に成功して民主主義の国になると、私は信じている。

経済沈没は一時的で、二〇二〇年まで６～７％成長が可能

ここまで述べてきたように、二〇一〇年上海万博開催以降、中国経済の不確定要素が増え、要注意の時期に入る。場合によっては、経済沈没の可能性さえある。特に、政権交代の二〇一三年は節目の年になるだろう。

では、仮に中国経済が沈没した場合、これは一時的なものになるか、あるいは長期化するか。

私の個人的な見方だが、たとえ中国経済が沈没したとしても、一時的なものにとどまる可

能性が高い。その理由は次に述べる五つのものである。

まず、中国の工業化はいまだに未完成の段階にある。地域別でいえば、長江デルタ地域の工業化完成度は85％、珠江デルタ80％、渤海湾地域70％で、いずれも工業化後半期に入っているが、全国的に言えばまだ6割完成、4割は未完成の状態となっている。少なくとも二〇二五年までは工業化が進むだろう。工業化に伴い、旺盛な建設需要が今後も続くことになると見ていい。

それから二つ目の理由は都市化も未完成の状態にある。

ノーベル経済学賞の受賞者で、アメリカの有名なエコノミストであるジョセフ・スティグリッツ・コロンビア大学教授は、6年前に次のように述べたことがある。

「21世紀の世界経済成長に影響する二大要素は、一つはアメリカのハイテク技術の進歩であり、もう一つは中国の都市化の進展である」

二〇〇八年末、中国の都市部人口は6億6667万人に達した。一方、農村部人口は7億2135人である。これを比率で表すと、都市部46％、農村部54％となり、農村部の人口がいまだに半分以上を占めている。

一九九五年まで、中国の都市部の人口は毎年1000万人ずつ増え続けてきた。ところが一九九六年からは都市化のスピードが一気に加速し、都市部人口は毎年2000万人ずつ増え続けた。そのため二〇〇八年までの12年間、都市部人口が2億5493万人も増えているのだ。

前にも述べたように、統計上、中国の都市部の一人当たり所得は農村部の一人当たり所得の3・5倍だが、実質上は6倍以上だ。すなわち、中国の消費市場の主力となっているのは都市部人口である。

一定の購買力をもつ層が毎年2000万人増加するということは、単純計算すれば5年ごとに1億人規模の新たな巨大市場が生まれるということであり、消費者としての彼らが家電製品や家財道具を新しく購入することで経済はますます刺激されていく。しかも、都市部人口はいまだ半分にも満たない46%しか占めておらず、今後も都市化は進んでいくことは確実だ。

日本が高度成長期だった60～70年代にも農村部から都市部への人口大移動が起こり、都市型生活に対応するための需要が高まった。国民の消費意欲の向上が経済成長を下支えすることになったのだ。これと同じことが、日本とは比べ物にならない大きなスケールで中国でも今起きている。

毎年2000万人分の都市部の人口が増加するということは、その都度2000万人分の住宅を新たに用意しなければならない。もちろん農村部からの新住民のすべてが新しい住居を買えるわけではない。そこで、すでに都市部に住んでいる住民が、いま住んでいる中古物件を新住民に売り、自分たちは新しいマンションを購入するという構図が出来上がっている。こうしたことが中国の不動産ブームの火付け役ともなっている。

国際機関の試算では、中国で起きている農村部から都市部への人口移動の経済成長への寄与度は3ポイントとされており、人口移動が中国経済に与えた貢献は非常に大きい。こうした潜在的要素が、中国の経済成長を今後も持続させる要素の一つである。

三つ目の理由は中間層、富裕層の急増。これらの人たちは主に、香港に近い広東省を中心とした珠江デルタ地域、上海および江蘇省、浙江省を含む長江デルタ地域、北京・天津・青島・大連とその周辺地域を含む渤海湾地域の3大成長エリアに集中している。この3大エリアの人口だけですでに3億人を超えており、巨大市場として機能し始めている。

政府高官の発言によれば、日本円に換算して100~800万円の年収を得ている人たちのことを中間層と位置づけている。こうした中間層は、現在、8000万人ほど存在する。また、日本円換算で800万円以上の年収を得ている富裕層の数は2000万人近くいるという。彼らの数は年々増えてきており、消費市場拡大の主力となっている。経済成長によって、中間層・富裕層の人たちは年々増えている。かれらの活発な消費活動は市場の拡大につながる。

四つ目は格差是正によるパワーアップだ。格差是正の基本は高所得者の収入をいたずらに減らすことではなく、低所得者の所得アップにある。特に7億人の農民たちの所得アップは中国経済成長持続のカギを握る。例えば「二〇二〇年まで農民所得2・5倍増計画」を作ってみたらどうか。それを実現できれば、凄まじいパワーが新たに生まれてくるはずだ。農民の購買力向上で、内需が拡大し、輸出に依存しなくても経済成長の持続は可能になる。

最後の理由は、社会保障制度の整備だ。中国の貯蓄率が主要国で一番高いと言われる。それは中国のセフティネットが完備されず、国民たちが子供の教育費、医療費、老後の生活費、いざという時の費用など心配事が多く、安心して消費できないからだ。中国政府は社会保障制度の整備・充実に力を入れ、日米欧先進諸国並みの水準に高めることができれば、国民の貯蓄率が自然に下がり、お金が消費に回るはずだ。

要するに、中国の潜在的な経済成長力はまだ大きい。たとえ一時的沈没が起きても、それを乗り越えれば、また成長の軌道に乗る。二〇二〇年までに、中国経済は年平均成長率を6

%から7%にキープできるのではないかと、私は見ている。

6章　迫られる日本企業の対中国戦略転換

なぜ日本の株価下落率も経済成長率も米国より下げ幅が大きいか？

中国経済の現状と見通しについて述べてきたが、この章では日本企業の対中国戦略に焦点を当てる。

現在の金融危機、景気後退に対して、多くの人が次のような疑問を持っている。

つまり、「アメリカ発の金融危機」と言われるのに、なぜ日本の株価下落も、経済成長の下げ幅も、震源地のアメリカより激しいのか？　日本の経済構造および企業の海外戦略には何が問題なのか？

まず株価のほうを見ておこう。二〇〇八年一年間の世界主要国の株価下落率は74頁図20のとおりである。このグラフを見ると、日本の株価下落率は42・1％で、ロシア71・9％、中国65・2％、インド52・1％ほどではないが、アメリカの36％よりは6ポイント大きい。

次に実体経済への影響を見てみよう。二〇〇八年十〜十二月期の実質GDP成長率は、アメリカのマイナス5・4％に対し、日本はマイナス12・8％でアメリカの2倍強の下げ幅である。G8先進8カ国のうち、最大の下げ幅を記録したのは、ほかでもなく日本だ。二〇〇八年通年の経済成長率もアメリカの0・4%に対し、日本はマイナス0・7%と、世界主要国の中で、イタリアに次ぐマイナス成長に転落した国となる。

二〇〇九年一～三月期の経済成長率も良くない。アメリカのマイナス6・4%に対し、日本はマイナス12・4%。戦後最悪とも言われる二期連続の2桁マイナス成長を記録している。アメリカ発の金融危機の大きな打撃を受ける欧米諸国に比べ、日本の金融機関の傷が比較的に浅いと言われる。なのに、なぜ日本の株価下落がアメリカより激しいのか？　なぜ景気後退も、日本のほうがアメリカより深刻なのか？

「トヨタ・ショック」の衝撃

日本の実体経済への影響の深刻さは、ＧＤＰ統計のみならず企業業績にも現れている。その象徴的な出来事は正に「トヨタ・ショック」である。

二〇〇八年十一月六日、トヨタ自動車は二〇〇九年三月期連結決算の営業利益は対前年度比73・6%減少して6000億円になるという業績予想を発表した。驚くほどの内容だった。

日本最大の企業のトヨタは、これまで増収増益の道を闊歩してきた。連結決算の営業利益は二〇〇七年度、二〇〇八年度と2年連続2兆円を超えている。1兆円割れは二〇〇一年三月期以来8年ぶりのことだ。これがいわゆる「トヨタ・ショック」である。

ところが、二〇〇九年五月八日、トヨタは決算発表の蓋を開けると、営業利益は6000億円どころではない。4610億円の大赤字だった。経常利益は前期の2兆4372億円から一転して5603億円の大赤字になった。当期利益も前期の1兆7178億円から4369億円の赤字に転落した。まさに天国から地獄に墜落したような落ち方だった。

トヨタ・ショックがトヨタにとどまらず、激震が自動車全業種に広がる。完成車メーカー10社のうち、ホンダ、スズキ、ダイハツはかろうじて黒字を維持しているが、ほかの7社はいずれも赤字転落。二〇〇九年三月期の当期利益の赤字額を見ると、トヨタの4369億円を筆頭に、日産2337億円、マツダ714億円、富士重工699億円、日野618億円、三菱自動車548億円、いすゞ268億円と、7社合計の赤字額で9553億円にのぼる。

電気機器業界はもっとひどい。大手7社のうち、二〇〇九年三月期の連結決算で当期利益が黒字になるのは三菱電機のみ。ほかの6社は全部、みじめな赤字転落。日立7873億円を筆頭に、パナソニック3789億円、東芝3435億円、NEC2966億円、富士通1123億円、ソニー989億円と、6社合計の赤字額はなんと2兆円を超えて2兆1175億円にのぼる。

ちなみに、日本のメガバンク3社の赤字額はみずほフィナンシャルグループ5888億円、三井住友フィナンシャルグループ3734億円、三菱UFJフィナンシャルグループ2569億円となり、3社合計で1兆2191億円に達する。証券会社の大手3社の赤字額も野村ホールホールディングス7081億円、大和証券グループ850億円、みずほ証券134億円と、合計で8065億円となる。

「トヨタ・ショック」はこのように「ジャパン・ショック」に広がっている。

問題の核心は過剰なアメリカ依存にあり

実は、アメリカ発の金融危機をきっかけに起きているのは、金融危機の影響だけの問題ではなく、経済構造と企業の海外戦略という日本経済の本質にかかわる問題だ。さらにはっきり言えば、日本の経済構造も、日本企業の海外戦略も、いずれも大きな欠陥を抱えている。いまこそ、経済構造の改革および企業の戦略転換が必要である。

つきつめて言えば、日本の経済構造も、企業の海外戦略も、日本人の意識も極端にアメリカに依存している。これは今起きている問題の核心だ。

戦後、日本の経済・貿易構造から政治・外交政策まで、すべて米国を中心としてきた。特に日本の輸出構造の米国依存は際立ったものだった。一九五八〜七三年は正に日本の高度成長期にあり、対米輸出が一貫して首位の座にあった。比率では全体の3、4割まで占めていた。こうした対米依存の貿易構造は高度成長を支える最も重要な外部要素と言える。

この時期は日米安保体制の確立期でもあり、対米依存の貿易・経済構造は日米政治・軍事同盟を支える経済基盤ともなった。

そしてこの対米依存の輸出構造は第1次、第2次のオイルショックの時を除いて、90年代初頭まで維持されてきたのである。

一九八〇年に西ドイツのシュミット首相が来日した時、日本の対米輸出が輸出全体の3〜4割を占めるのを知って、「だから日本はアメリカにしか友人ができないのだ。ここに日本の弱点がある」と語った（中村正則著『戦後史』94〜95頁）。この貿易・経済構造と日米安保体制が続く限り、軍事・外交・経済面における対米追随・依存の仕組みや構造は変えようがないのである。

ところが、冷戦終結後、特に21世紀に入ってから、日本の貿易構造も輸出構造も大きく変わり、アメリカ中心からアジア中心、特に中国中心に変わった。象徴的な出来事は二〇〇四年に起きた貿易構造の米中逆転、二〇〇七年に起きた輸出構造の米中逆転である。中国はアメリカに代わって日本の最大の貿易相手国、最大の輸出先となった。

しかし、貿易構造、輸出構造が大きく変わったにもかかわらず、日本の政治構造はもちろんのこと、経済構造も日本企業の海外戦略も旧態依然のアメリカ依存である。それは、アメリカが日本の最大のドル箱でありつづけているため、政府は経済構造の改革を、企業は海外戦略の転換も怠ってきたわけだ。極端なアメリカ依存のため、そのツケは金融危機をきっかけに一気に噴出したのだ。

結果は上述のように惨憺たるものだった。最大のドル箱が崩壊した。それどころか最大の借金箱になっている。極端なアメリカ依存はもう限界だ。転換せざるを得ないときが訪れた。

「内需依存」はあくまでも実現できない夢

経済構造の改革といえば、「外需依存」から「内需依存」への転換を指すことが、容易に想像される。しかし、私の考え方は違う。「外需依存」は間違っていない。間違っているのは極端なアメリカ依存である。これを是正する構造改革が必要である。

金融危機で一番大きな打撃を受けるのは日本の輸出であり、外需が大幅に落ち込でいる中、「外需依存」から「内需依存」への構造転換を唱える論調は気勢を上げている。外需不振の真っただ中、「内需依存」というスローガンは確かに受けがいい。

しかし、リアルに考えれば、「内需依存」への転換が本当に実現できるかどうかは疑問だらけと言わざるを得ない。忌憚なく言わせてもらえば、それはあくまでも幻想に過ぎず、実現できない夢である。

日本は「海洋国家」であり、グローバル時代に「海洋国家」の宿命は「外需依存」である。イギリス、シンガポール、韓国、香港、台湾などの「海洋国家」は例外なく、外需に大きく依存している。

特に日本である。資源など一次製品の輸入依存度は、原油100%、天然ガス100%、石炭100%、鉄鉱石100%にのぼり、食品も60%に達している。これらのものを輸入しなければ、国の工業基盤も国民の生活基盤も全部崩壊してしまう。しかし、輸入するには膨大な外貨がかかる。輸入用の外貨を確保するために、輸出を増やさなければならない。戦後の日本は「貿易立国戦略」のもとで、輸入したものを高い付加価値をつけて輸出するという好循環をつくり、高度成長を実現してきた。「輸出立国」の戦略がなければ、日本国の存立さえ危惧されることになる。

さらにここ数年日本の内需の実態を見ておこう。二〇〇二〜〇七年、日本経済は「戦後最長」と言われるほどの景気拡大期にあった。この期間、日本の内需はどれほど拡大したのだろうか？　図26に示すように、家計消費支出、新車登録台数、新設住宅着工床面積、百貨店販売額など、内需に大きくかかわる4項目の内閣府統計データをみれば、「内需依存」の脆さが浮き彫りになる。

・1世帯1ヵ月家計消費支出＝二〇〇一年の33・6万円から二〇〇七年の32・6万円へと3・8％減
・新車登録台数＝同405・9万台から同343・4万台へと15・4％減
・百貨店販売額＝同9兆6261億円から同8兆4652億円へと12・1％減
・新設住宅着工床面積＝二〇〇〇年の11988万㎡から同9065万㎡へと14・4％減

図26　日本の内需拡大に限界

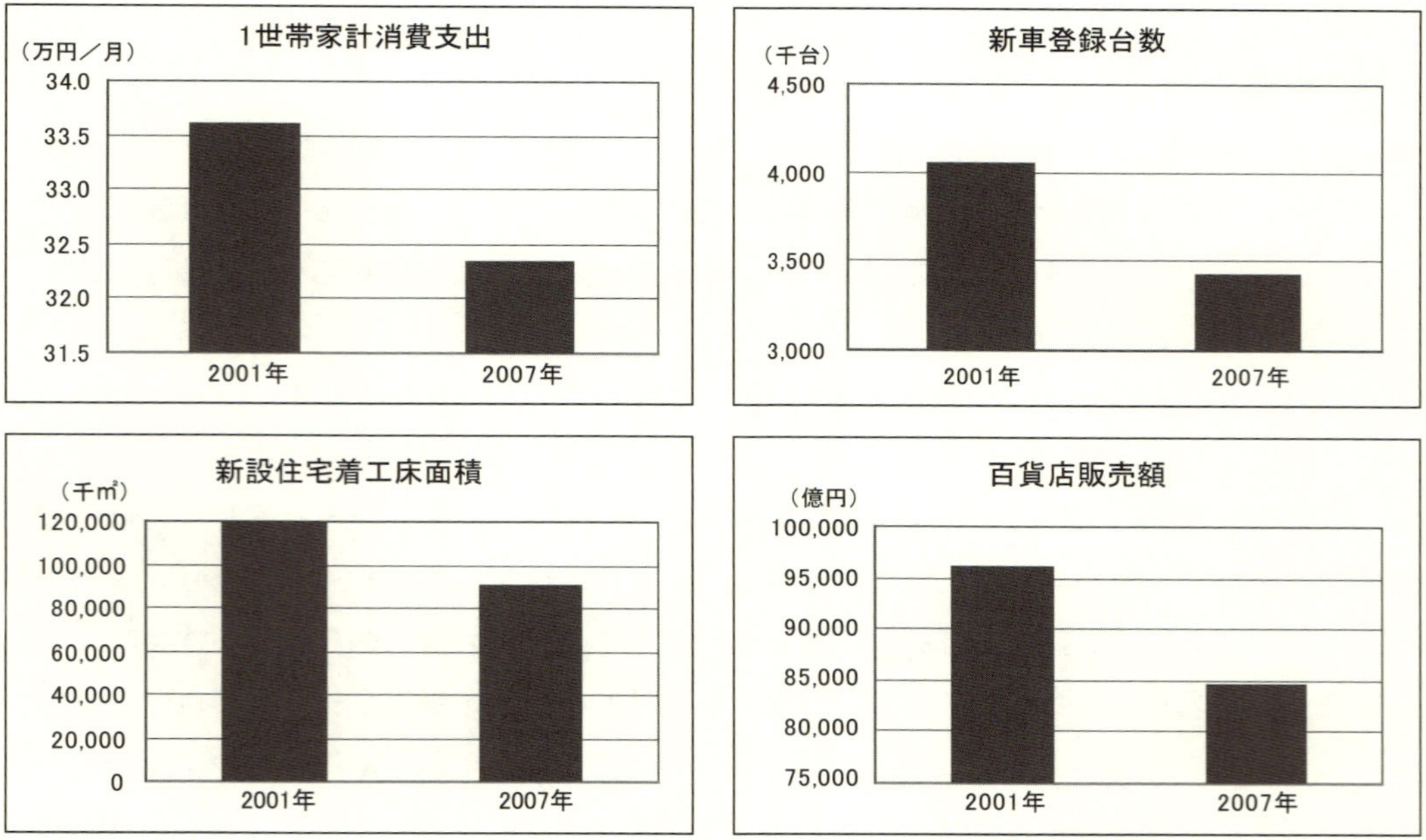

出所)総務省統計局資料に基づき著者が作成

景気拡大期でさえ、内需に関する上記4項目はいずれも増加ではなく、大幅な減少を示している。なおさら景気後退期にある現在、国民の消費意欲が減退している中、「内需依存」の実現の可能性を疑わざるを得ない。

日本はすでに少子高齢化時代に入り、人口減少の傾向が続いている。人口減少に伴う市場の縮小は避けられない。実際、バイオ、環境など一部の新興分野を除くと、ほとんどの産業分野では、国内需要はすでにピークを超えて、飽和状態となっている。こうした厳しい現実を無視して、「外需依存」から「内需依存」への戦略転換を唱えるのはとうてい正しいとは思われない。

二つの「米中逆転」が意味するもの

二〇〇九年に入ってから、二つの「米中逆転」が起きている。一つは、第3章にすでに述べた自動車新車販売台数の「米中逆転」だ。七月まで中国の新車販売のほうが7ヵ月連続でアメリカを上回り、世界最大の自動車消費大国になった。

二つ目は日本の輸出構造における「米中逆転」である。財務省の貿易統計によれば、二〇〇九年二月から七ヵ月連続で、中国向けの輸出がアメリカ向けの輸出を上回り、一〜八月の累計で中国向けは6兆2719億円となり、アメリカ向けの5兆3431億円より9288億円多い（図27）。日本の輸出全体に占める割合は、18・5％にのぼり、米国の16・1％より2・4ポイント多い。中国はアメリカに代わって、日本の最大の輸出先となっているのだ。

今回の「米中逆転」劇の特徴として、一つ目は中国単独で、香港を含まないことだ。図28のように、香港を含む中国向けの日本の輸出は、二〇〇七年と二〇〇八年、すでに2年連続でアメリカ向けの輸出を上回っている。しかし、香港を含まず、中国単独でアメリカを抜くのは今年一〜八月期が初めてである。財務省の貿易統計開始以来の初の出来事である。二〇〇九年通年も中国がアメリカを凌ぐ確率が高い。

二つ目の特徴は、中国の大型景気対策が奏功し、国内需要が拡大しているため、日本は直接にその恩恵を受けていることだ。

金融危機の影響で、欧米諸国は景気後退が続いているため、日本の輸出全体の落ち込みが激しい。二〇〇九年一〜六月は前年同期に比べマイナス42・7％を記録し、そのうち、アメリカ向けマイナス48・9％、EU向け48・8％と、半期では最大の下げ幅を記録したのである。

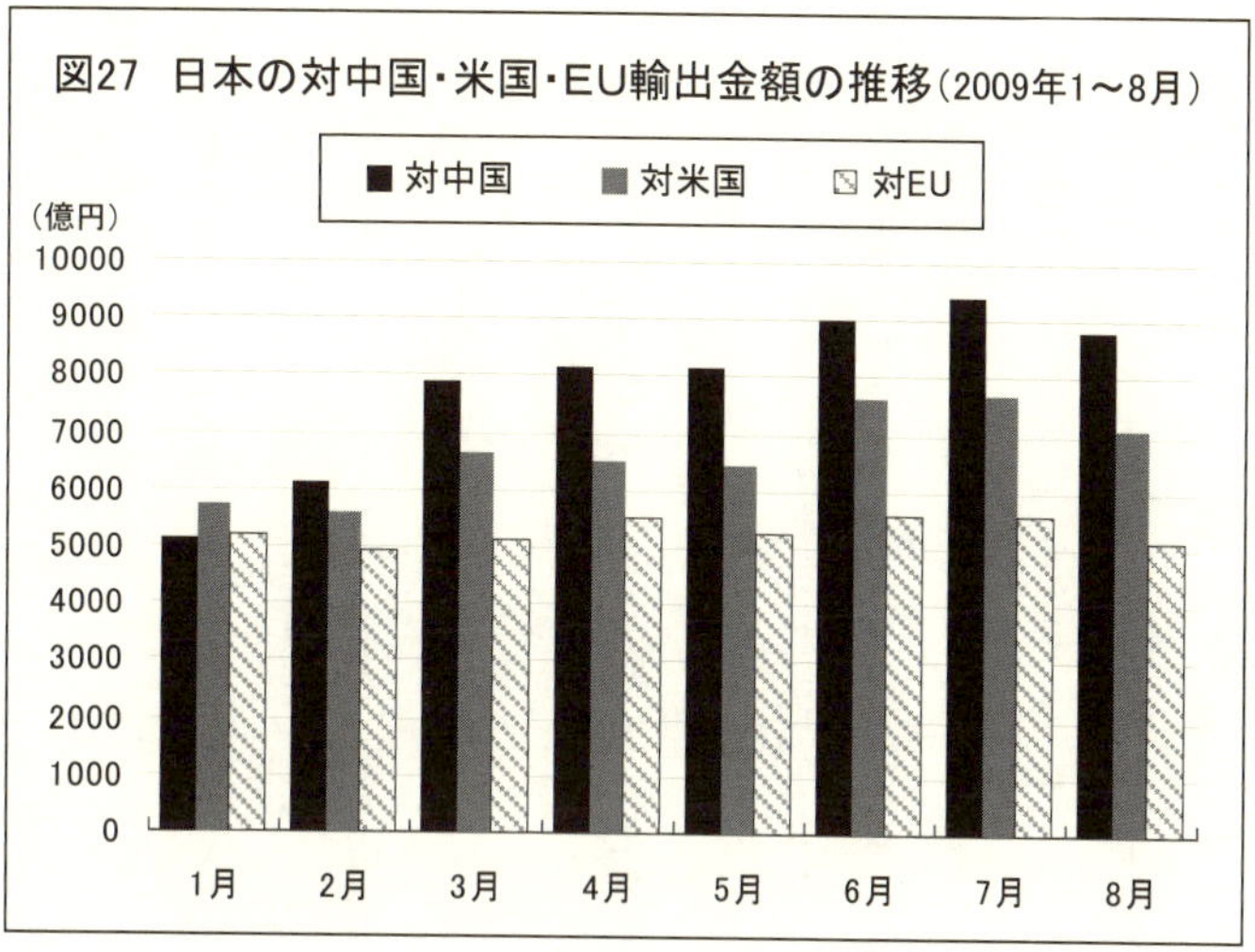

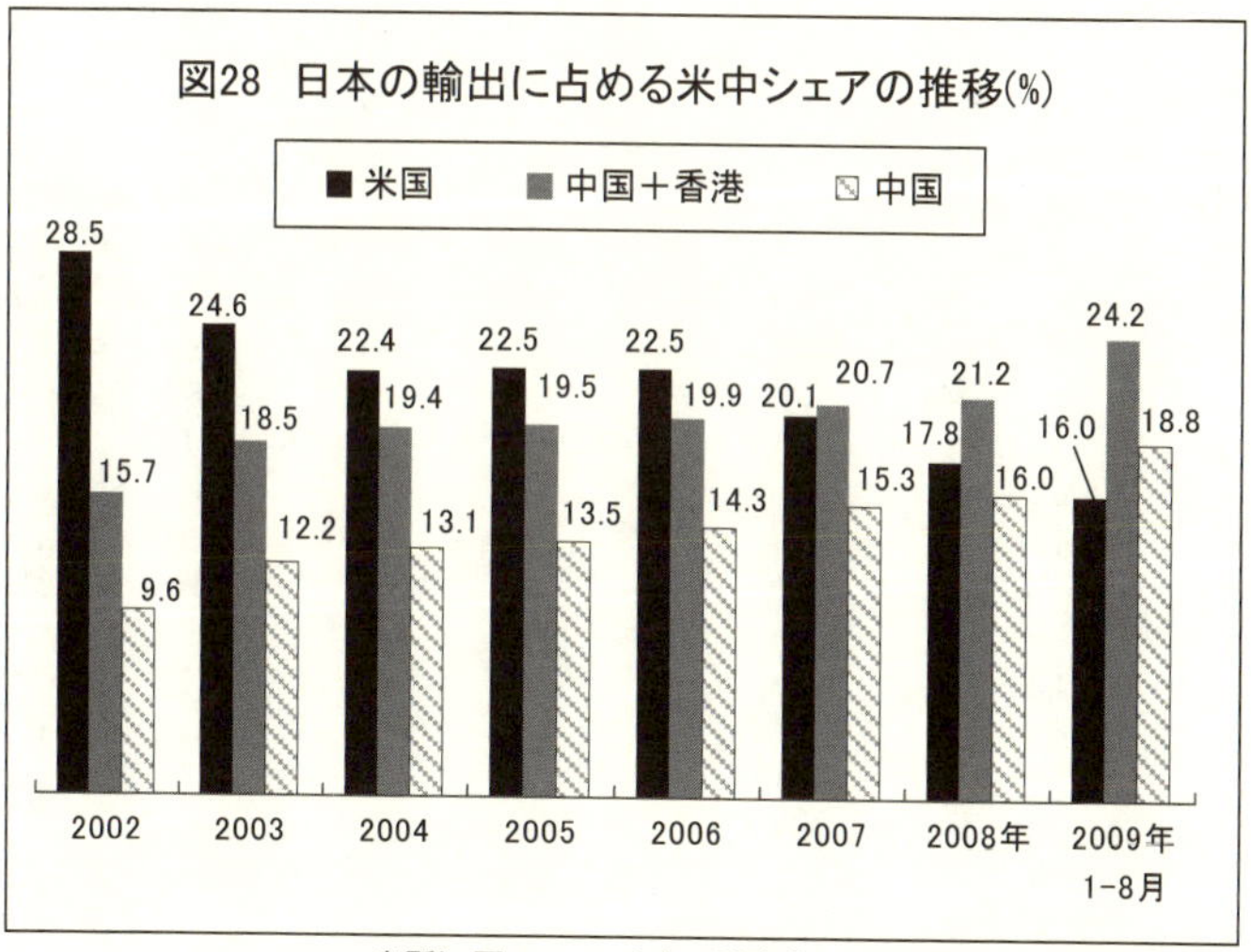

出所）図27・28ともに財務省の貿易統計により著者が作成

もちろん、中国向けの輸出もマイナス32・1%となっているが、米欧に比べ下げ幅が遥かに小さい。これは前年同期比の数字だが、前期比で見た場合、今年一月からすでに6ヵ月連続で前月を上回っており、対中輸出がいち早く回復することを裏付けている。

新車販売の「米中逆転」および日本の輸出構造の「米中逆転」。この二つの「米中逆転」に共通するものは、まさに中国の巨大市場の存在である。そこから日本の戦略転換に何が必要かがはっきり見えてくるだろう。

迫られる戦略転換——アメリカ中心から新興国中心へ

いま日本企業の海外戦略は二つの転換を迫られている。一つ目はアメリカ中心から新興国中心に軸足をシフトするという戦略転換である。

一つのアンケート調査の結果を紹介する。二〇〇九年二月、日本貿易振興機構（JETRO）は海外事業を展開するジェトロ・メンバーズ企業3283社を対象に、「海外拠点所在国・地域別のアメリカ発金融危機の日本企業の影響」をテーマにアンケート調査を実施した。

アンケート調査は、「業績が大いに悪化する」、「やや悪化する」「特に影響はない」という三つの質問を設定して、回答を求めたところ、928社から有効回答を得た。図29のように、「業績が大いに悪化する」と答える比率は、アメリカ51・5%、西欧諸国51・6%に対し、ベトナム46・2%、香港43・8%、中国38・2%となっており、新興国・地域は比較的に低い。特に中国は、今回のアンケート調査の対象となる50数カ国・地域のうち、比率が4割を下回るただ一つの国となっている。欧米進出の日本企業は金融危機によって大きな打撃を受ける一方、中国、ベトナムなど新興国進出の日本企業は受けた打撃が相対的に小さいという特徴が浮き彫りになっている。

この特徴は次の質問の回答からも裏付けられている。「特に影響はない」と答える比率は、中国進出の日本企業は14・8%で最も高く、続いてはベトナム14%、香港10・7%の順となっている。それに対し、アメリカ進出の日本企業は8・6%、西欧7・6%と比率が低い。欧米先進国より中国など新興国に進出している日本企業の影響が相対的に小さいことがわかる。

なぜ、今回のアメリカ発の金融危機による実体経済への打撃が先進国の中で日本が一番大きいのか。ジェトロのアンケート調査の結果から理由の一端が伺えるだろう。つまり、これまでの日本企業の海外戦略は、アメリカ中心で展開してきた。ところが、今回の金融危機の

図29　海外拠点所在国・地域別の米国発金融危機の日本企業の影響(%)

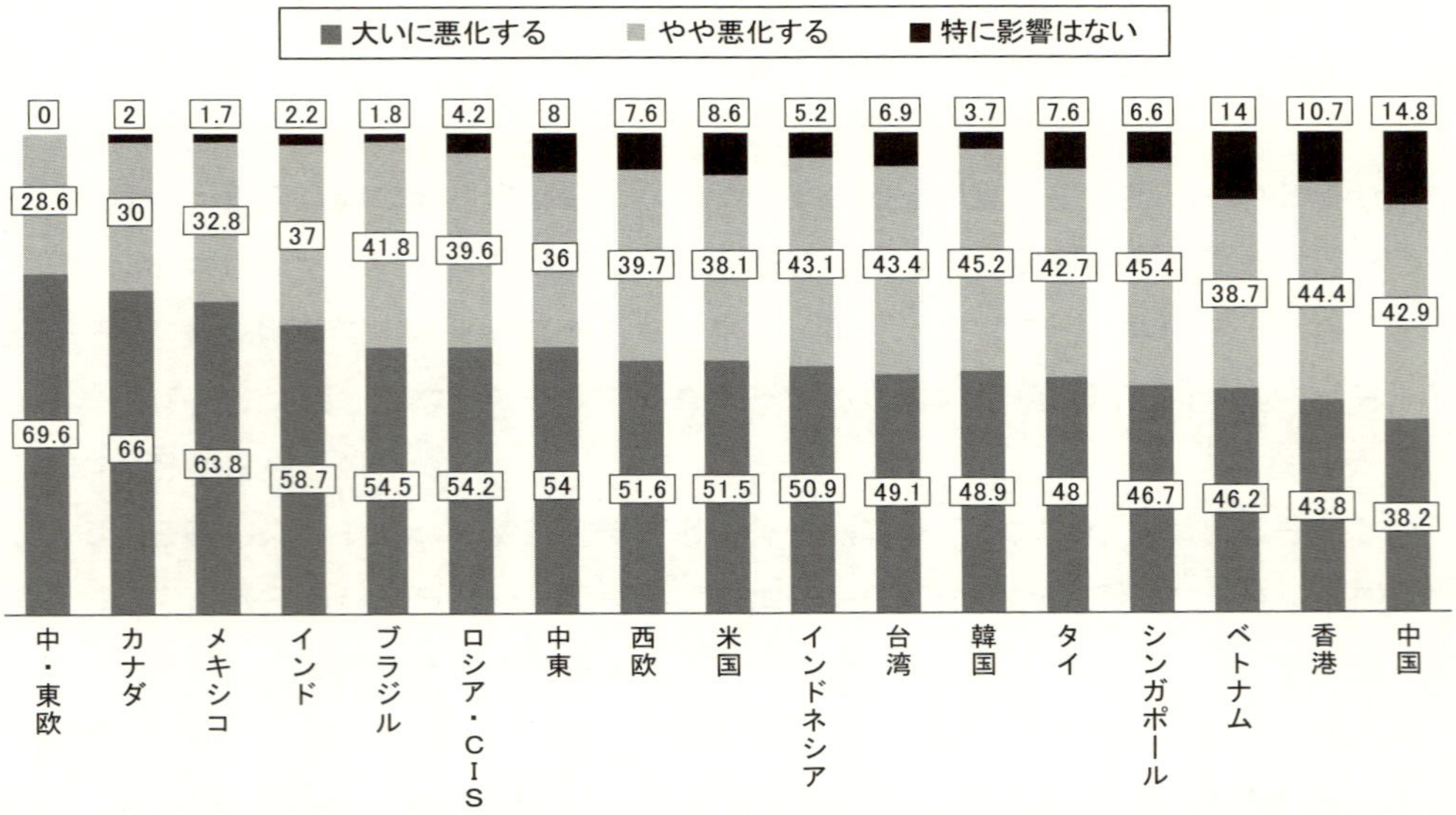

出所）日本貿易振興機構（JETRO）の日本企業の海外事業展開に関するアンケート調査（2009年2月19日）
注）調査企業数3,283社、有効回答社数928社。グラフ内の数字は回答企業全体に占める比率

震源地はまさにアメリカであり、金融危機の津波は日本企業のアメリカ中心の海外戦略を直撃した結果といえる。

そこで日本企業の海外戦略の転換も見えてくる。つまり、アメリカ中心から中国をはじめとする新興国中心にシフトしなければならない。これは日本企業が行うべき一つ目の戦略転換だ。

「世界の工場」活用より「巨大市場」を狙え！

もう一つの戦略転換もはっきり見えてくる。それは日本企業の中国ビジネス戦略の転換である。

これまで、中国に進出してきた日本企業は、大雑把に分ければ、二つの進出パターンがある。一つは中国を「世界の工場」と見なし、生産拠点として活用し製品をつくって日本もしくは第3国に輸出する。いわゆる「輸出志向型」パターンである。いままで中国進出の日本企業の主流は、このパターンである。

二つ目は、益々豊かになってきた中国人の消費動向に着眼し、巨大市場を狙って、中国で作った商品を中国国内で販売する。いわゆる「内需志向型」パターンである。数からいえば、まだ少数派だが、着実に伸びている。

二〇〇九年四月と八月、2回にわたって、中国の現地調査を行ってきた。上海や広東省、浙江省の輸出企業、特に中小企業のほとんどは厳しい経営を強いられており、昔の隆盛の面影がない。金融危機を境目に、輸出は以前の2割増から現在の2割減へと大幅に減少しているからだ。同様、「輸出志向型」の日系企業も大きな打撃を受け、景気は良くない。

しかし、苦しい状態が続いている輸出志向型企業に比べ、内需志向型の日系企業は景気がいい。中国の投資も個人消費も堅調に伸びているため、このパターンの日系企業は恩恵を受けている。ジェトロの調査では、「特に影響はない」と答えた日本企業のほとんどは、こうした「内需志向型」企業である。

現在、中国国内では、労働者賃金のアップ、土地価格と原材料価格の上昇、続く元高傾向など、いずれも輸出コストの上昇に繋がる。同時に、貿易摩擦の多発、「メードインチャイナ」包囲網の広がりなど、輸出の外部環境も厳しさを増している。「世界の工場」はすでに限界にきていることは明白な事実だ。

一方、巨大市場への変身も急ピッチで進んでいる。二〇〇八年、中国の一人当たりGDP

は既に3000ドルを突破し、13年に5000ドル、20年には1万ドルに迫る見通しである。国民所得の急増は、確実に市場規模の拡大に繋がる。鉄鋼、家電、携帯電話、ビール、自動車新車販売など多くの消費分野では、中国は既に世界最大規模となっている。13億の中国人は今、世界の工場の「作り手」から巨大市場の「担い手」へ変身しつつある。日本企業はこの動きをキャッチし、迅速に中国ビジネス戦略の転換を行わなければならない。つまり、中国での生産活動の輸出志向型から中国での内需志向型への転換である。

日本企業の中国ビジネスチャンスはどこにあるのか？

それで、具体的に中国ビジネスチャンスは一体どこにあるのか。日本企業の中国市場への攻め筋はなにか。次に詳しく説明する。

まず一つ目は、中国の「爆食経済」から「省エネ・節約型」経済への転換によって、日本企業の出番が出てくる。

「爆食経済」は私が作った造語である。二〇〇六年一月、私の本を時事通信社が出版してくれた。本のタイトルはまさに『検証　中国爆食経済』だ。環境に配慮せず、必要以上にエネルギーまた資源を大量消費するという意味の造語である。

爆食経済の実態を具体的なデータで述べると、二〇〇五年には中国のGDPは世界全体のわずか5%でしかなかったにもかかわらず、中国一国だけで消費したエネルギーと素材のうち、例えばエネルギーは世界全体の15%を占めている。素材では鋼材が世界全体の30%を、セメントは同54%をそれぞれ消費している。これは明らかに中国の高度成長が素材とエネルギーの爆食によって支えられていることを示している。

ところがこの大量消費は効率が極端に悪いことの現れでもある。イギリスの石油メジャーBPの資料によると、二〇〇六年中国で1万ドルのGDPを創出するために使われたエネルギー消費量は日本の6倍、アメリカの3・6倍だ。逆に言うと、中国のエネルギー利用効率は日本のわずか六分の一と、極端に悪い。

そこで問題は中国のエネルギー資源保有量から見て今の爆食型経済成長をいつまで支えることができるかということだ。結論から言えば爆食型成長は持続できない。何故なら中国の資源は乏しいからだ。中国の一人当たりのエネルギー資源保有量を世界の平均水準に比べると、例えば石炭資源は世界平均水準の50%。石油資源同7・4%。天然ガスはわずか6%だ。つまり今の中国のエネルギー資源保有量から見ると、爆食型経済成長はいずれ支えることができなくなり、すぐに限界に来るということである。

では中国の資源自体で爆食型成長を支えることができなくなるとすればどうするか。その先には二つのシナリオが考えられる。一つは世界のどこかから資源を調達して爆食型成長を支えるというシナリオである。しかしこれは結論から言うと、どの国も支えることができない。何故かと言うと、今の中国の一人当たりエネルギー消費水準は、先進国に比べればまだ低い水準にとどまっている。例えば日本の四分の一、アメリカの七分の一でしかない。従ってこれから日本並、アメリカ並みの消費量になると、人口が多いため、絶対消費量は爆発的に増大することになる。中国は二〇〇四年から既に日本を上回って世界第2位の石油消費大国になっている。もし日本並みの水準になれば、エネルギー消費量は今の4倍になる。アメリカ並みの水準になれば、7倍になる。世界のエネルギー資源全体を動員しても、中国一国の消費需要を賄うことができない。結局、今の中国の爆食経済は世界のどの国も支えることができないということだ。

そこでもう一つのシナリオ、即ち成長方式の転換をせざるを得ないということになる。現に中国政府自身も「このままでは持続成長は不可能」だとして、危機感を持ち始めている。二〇〇六年から中国政府が成長方式の転換を唱え始めたのは、まさしくその危機感の現れにほかならない。

中国が今後節約型成長に転換するとすると、これは日本企業にとっての出番であり、大きなビジネスチャンスであると思う。省エネルギー、新エネルギー、環境ビジネスの三つの分野は日本企業が得意とするところである。日本もかつて60年代から70年代初頭にかけて素材とエネルギーを爆食していた。ところが一九七三年に石油危機が起きて、日本の経済成長はマイナスに転落し、産業界は大きなショックを受けた。その時から日本企業は省エネルギー技術の開発に注力し始め、それ以来30年以上の努力を積み重ねた結果、今日本企業の省エネルギー技術は世界トップクラスのレベルに到達してきている。新エネルギー分野、環境ビジネス分野についても同じことが言える。

二〇〇六年三月、私は広東省の広州に出張に行った。広州には日本の自動車メーカー、トヨタ、日産、ホンダのビッグスリーが大工場を持っているが、現地法人のトヨタの社長、日産自動車の開発部長、ホンダの総務部長ら三人から話を聞いた。彼らによると、当時、日本の車が中国の消費者の中で人気が急上昇し、二〇〇六年から乗用車の市場シェアは日本車がナンバーワンになったという。

その理由の一つは、やはり日本車はデザインがいいし品質がいい、つまりブランドイメージが中国の消費者の中で定着していることだ。そしてもう一つの重要な理由が、省エネルギー性能である。欧米車、韓国車、中国の国産車に比べてガソリン消費量は少ない。近年、中国ではガソリン価格が急騰している。消費者たちはやはり省エネの日本車を選択しているわけだ。

省エネルギー技術は自動車分野だけに限らない。他の分野もたくさんあるはずである。これからは日本企業のビジネスチャンスが確実に増えるわけだ。

そのほか、日本企業の環境技術も世界一流だ。火力発電の脱硫技術、石炭の液化技術、汚水処理技術、水浄化技術など、いずれも中国の環境保全に貢献できるものだ。

日本では、高度成長期に開催された大阪万博（一九七〇年）と自然との共生をテーマにしてきた愛知万博（二〇〇五年）という二つの万博が開催された。この二つの万博の間は、経済成長と環境問題に挟まれる日本経済の苦悩と奮闘・努力を凝縮した期間でもある。こうした経験を収斂して、日本は「万博」というつながりで環境保全の理念を発信し、二〇一〇年上海万博を通じて環境技術を中国に売り込むべきである。

急増する中間層・富裕層

次に二つ目は、急ピッチな都市化は日本企業にビジネスチャンスをもたらすということについて。

私の調べたところ、一九九六年から中国の都市部人口が毎年2000万人ずつ増加している（図30）。うち、200万人は都市部人口の自然増加。残る1800万人が農村部からの人口移動。60年代、70年代の日本の高度成長期のような人口大移動がいま中国で起きているのだ。

前に述べたように、都市部の所得は実質的には農村部所得の6倍になる。中国の消費市場の主力は言うまでもなく都市部人口である。ビジネスの観点から見れば、この都市部人口の毎年2000万人の増加はものすごく意味が大きい。単純に計算すれば、都市部では少なくとも毎年2000万人分の住宅を新たに作らなければならない。そのため、鋼材、セメントその他の建築材料、新しい家電製品、その他家具の需要が発生する。5年ごとに1億人規模の新たな巨大市場が出てくる。日本企業にとっては、これは大きなビジネスチャンスであることは間違いない。

図 30　中国都市部と農村部人口数の推移（1991 ～ 2006）

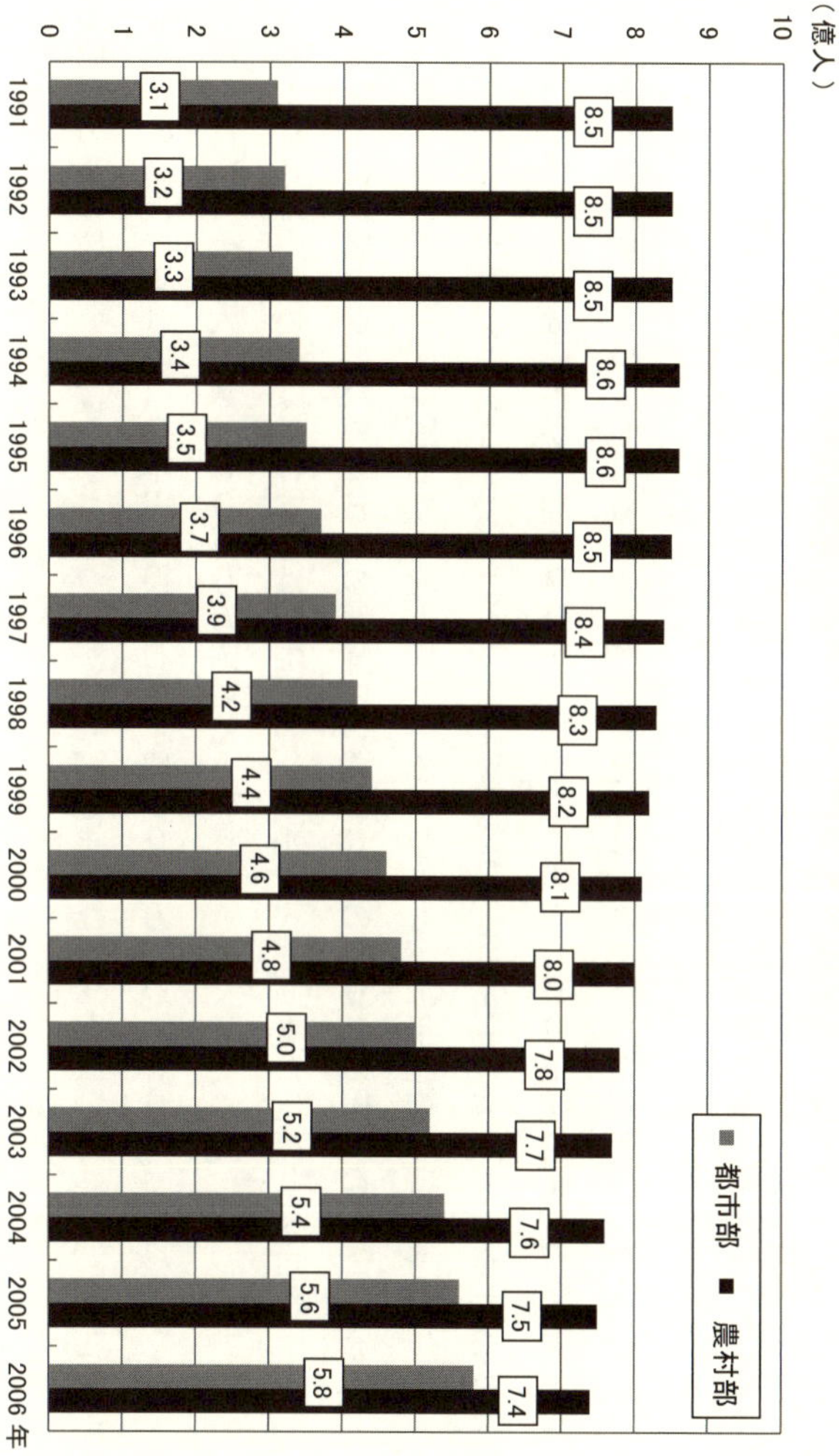

出所）「中国統計年鑑」に基づき著者が作成

それから三つ目。中国の中間層、富裕層の急増である。これも日本企業のビジネスチャンスにつながる。

中間層の基準についてはさまざまな説があり、定まった概念がない。二〇〇七年に中国の政府高官の発言によれば、日本円に換算して年収100万円以上800万円以下の人たちは中間層と言い、その人口数は8000万人いるという。

年収100万円といえば、日本では貧困層のレベルで、中間層とは決して言えない。しかし、中国では物価が安いため、日本の感覚でいえば6倍の600万円となる。いま年収600万円以上の人たちが、中国では1億人以上いる。しかも、毎年急増しているのだ。

世帯単位でいうと、その数はもっと多い。経済産業省がまとめた二〇〇九年版「通商白書」によれば、世帯可処分所得が年間5001ドル以上3万5000ドル以下の中間層が、二〇〇八年時点で中国は4億4000万人に増えたという。この人口数は日本の総人口の4倍弱に相当する。

富裕層の人口も急増している。米金融大手メリルリンチとフランスの調査会社キャップジェミニは、持ち家を除く金融資産を100万ドル以上持つ人を富裕層と定義している。両社の共同調査によれば、金融危機の影響で、世界の富裕層人口が二〇〇八年に対前年比で15%

減、保有資産は約2割減っているなか、中国は36万4000人でアメリカ、日本、ドイツに次ぐ第4位に浮上し、前年第4位だったイギリスと逆転した。

国民が豊かになれば、品質が良い、デザインが良い商品を求める。これが万国共通の現象だが、中国人のブランド嗜好はなおさらである。偽物のブランド商品が横行している現象も、ある側面から中国人のブランド嗜好の強さを裏付けている。偽ブランドの横行は許されないが、ブランド嗜好は、日本製ブランド商品の好機であり、ビジネスチャンスにつながる。

二〇〇七年四月、来日した温家宝首相と安倍前首相はトップ会談を行い、日中経済協力に関する合意文書を発表した。合意事項のなかには、日本から中国へのお米の輸出再開に関する項目も含まれており、同年7月にはさっそく第1陣として新潟県産の「こしひかり」と宮城県産の「ひとめぼれ」が中国に輸出された。

中国に輸出された日本のブランド米だが、驚いたのは中国での販売価格だった。中国産の米価格の20倍もする値段がつけられ、中国では「仰天価格」といわれた。輸入関税がかけられているため、日本での国内価格よりも遥かに高い価格だったのだ。

だが、さらに仰天だったのは、こうした日本のブランド米が販売された直後、すぐに売り切れてしまったことだ。今回、日本米が売り出されたのは北京と上海の2ヵ所であり、まさに中間層と富裕層が集中するエリアで起こった出来事だった。

このような出来事一つみただけでも、いかに中間層と富裕層が急増しているかを感じ取ってもらえるだろう。

内陸部と農村部の需要に注目せよ

四つ目に、内陸部と農村部の需要喚起によって、日本企業は恩恵を受ける。

農村部から都市部への人口大移動も中間層・富裕層の急増も確かに日本企業にビジネスチャンスをもたらすが、一方、広大な内陸部と農村部の存在を忘れてはいけない。

日本企業は富裕層・中間層をターゲットとする沿海部戦略を取ると同時に、購買力の向上に伴う農民たちを標的とする内陸部戦略も構築すべきである。

現在、沿海部、都市部に比べ、内陸部と農村部は遅れており、そのギャップが大きい。しかし、政府の政策が確実に格差の是正に傾けば、内陸部と農村部の人たちの収入が増え、需要喚起につながる。いま実行している「家電下郷」（農村に家電を）、「汽車下郷」（農村に自動車を）など景気対策の効果がその証明である。

いわゆる「家電下郷」は、中国政府が都市部と農村部の格差の是正や内需拡大策の一環として打ち出した農村家電製品普及政策をいう。この政策によれば、農村部の住民がカラーテレビ、冷蔵庫、洗濯機、携帯端末の指定製品を購入した場合、誰でも地元の政府から13％の補助金をもらえる。

この政策は二〇〇七年十二月に山東、河南、四川など3省で先行導入され、二〇〇八年十二月に14省・自治区へ、二〇〇九年二月から全国へと、次々拡大してきた。対象製品も最初の4種類からオートバイ、パソコン、温水器、エアコンまで追加されるようになった。

政府は、この「家電下郷」政策によって、4年間で９２００億元（約12・8兆円）の需要が創出できるという見通しを示している。景気低迷に喘ぐ日本の家電メーカーにとって、明るい話だ。「家電下郷」製品の上限価格が指定される現在、洗濯機分野では三洋とパナソニックの2社、カラーテレビ分野ではシャープ、日立、三洋3社の製品が対象製品に含まれている。政府高官は二〇〇九年七月に「将来、『家電下郷』対象製品の価格上限を撤廃する」と表明している。価格上限を撤廃する代わりに、補助金支給額の上限を設ける方向で検討するという。こうすれば、高品質とブランド力を得意とする日本メーカーのビジネスチャンスが一層拡大するだろう。

中国人セレブの海外観光ブームのチャンスを逃すな

最後に、中国人の観光客誘致である。

中国人は益々豊かになる。豊になればレジャーも楽しむ。海外旅行も楽しむ。そういう傾向は近年、益々鮮明になってきた。

ここ10年、高度成長に伴う国民生活水準の向上によって、中国人の出国者人数は年平均20%増の勢いで急増している。一九九八年わずか842万人の出国者人数は二〇〇八年に4584万人に増え、日本の1599万人を遥かに上回る。10年間で5・4倍も増えたのである。

二〇〇九年一～五月、日本の観光業は世界的な不況、円高、新型インフルエンザなど三重苦の逆風を受け、訪日旅行者が激減している。政府観光庁の統計によれば、訪日外客数は前年同期比26・9%減少となり、韓国（48・9%減）をはじめ主要国はすべて減少している。

そんな中、唯一前年を上回っているのが中国人だ。金融危機の影響で経済成長のスピードは減速しているものの、富を蓄えたセレブたちの海外旅行ブームは衰えない。

従って、より多くの中国人観光客を日本に誘致し、日本国内で日本商品を消費してもらうことは、日本の内需拡大と地域経済の活性化につながる。

日本は少子高齢化社会に入り、人口減少に伴う市場の縮小が避けられない。日本企業は、国内需要だけではもう飯が食えないという厳しい現実に直面している。国内需要の縮小を補うために、中国をはじめ新興国市場の開拓が不可欠である。これは輸出拡大の意味だけではなく、外国人観光客の誘致も含まれる。

観光庁の資料によれば、観光目的で短期来日する外国人客は一人1回当たり消費額が18万円にのぼる。日本の定住人口の一人当たり年間消費額は121万円だが、訪日外国人旅行者7人分の消費金額が定住人口一人分に相当する計算になる。だとすれば、一人の日本人が減ったとしても、7人の外国人を日本に観光に来てもらえば、定住者一人の消費減少分を補うことができる。ということは、訪日外国人の増加は人口減少社会における国内消費の減少を下支える効果がある。

私は二〇〇八年七月から二〇〇九年三月まで、国土交通省の「観光立国推進戦略会議」ワーキンググループ委員を務め、日本の観光立国戦略の策定にかかわってきた。この戦略によれば、二〇二〇年までに外国人観光客を二〇〇七年の835万人から2・4倍増の2000万人に増やすことを目標とし、「第二の開国」ともいえる開かれた社会構造を実現していく（図

図31 観光立国戦略——訪日外国人数（単位・万人）

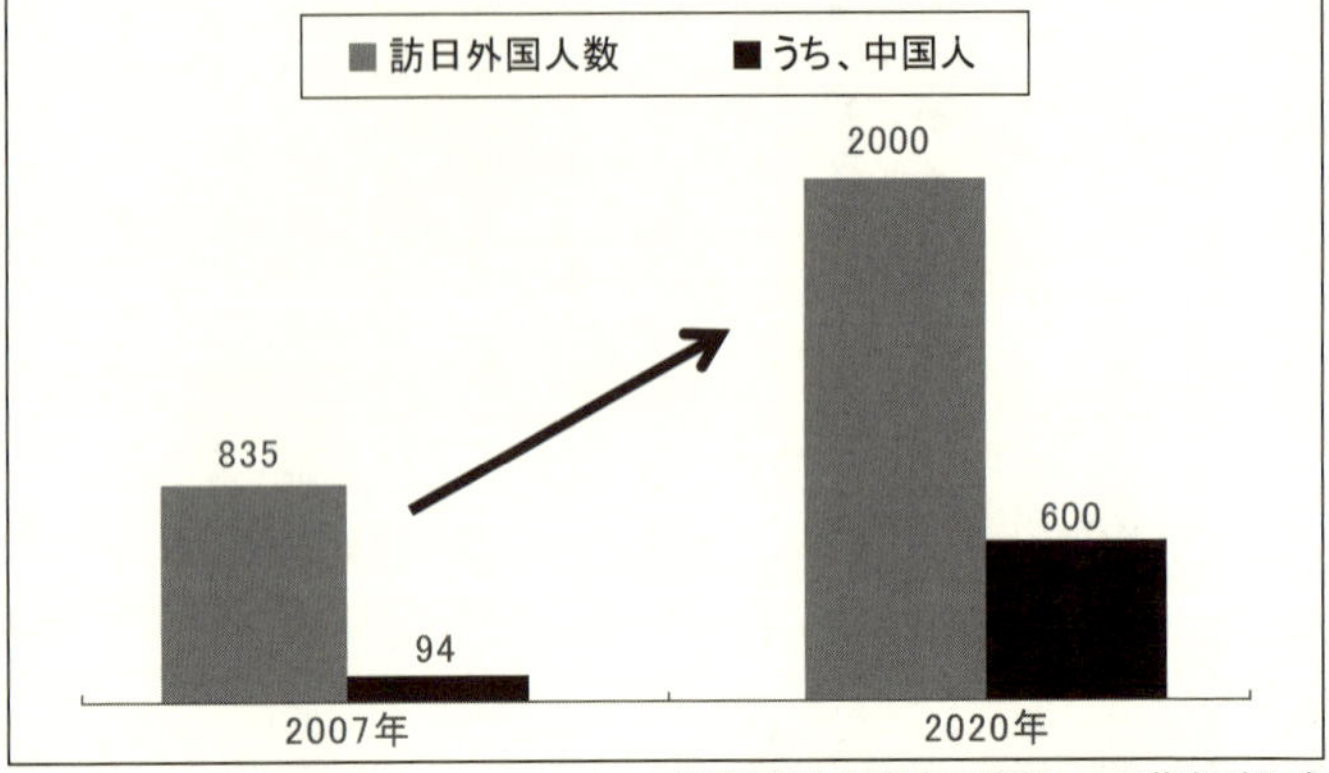

出所）国土交通省の資料により著者が作成

31）。もしこの目標を達成すれば、4・3兆円の需要と39万人の直接雇用を創出できる。波及効果を考えると、需要と雇用の創出はもっと大きくなるはずだ。

この2000万人外国人観光客のうち、600万人は中国人で、全体の29％という最大のシェアを占める（図31）。中国人観光客の誘致を実現できるかどうかが日本の観光立国戦略の成否の鍵と言える。

しかし、著者は、600万人という数字は低すぎると考えている。独自に試算したところ1000万人に達するとみている。

仮に過去10年間の年平均伸び率（約20％増）をベースに計算すれば、二〇二〇年の中国の海外渡航者数は3億人を超える。かなり控えめに計算しても2億人突破は間違いないだろう。そのうち4％が訪日すれば、800万人に達する。本土の中国人のほか、香港・マカオから来る中国人100万人を加えれば900万人になる。また、二〇〇八年に在日中国人は60万人にのぼり、二〇年に100万人を突破する見通しである。これを加算すれば、1000万人の中国人が日本を訪問・定住する計算になる。

ただし、1000万人の数字を実現するには前提条件がある。中国に対する入国ビザの規制緩和だ。

二〇〇八年、中国人の訪日人数は前年比6・2％増で100万人の大台を突破した。しかし、この年の中国の出国者人数は4584万人で、来日比率はわずか2・2％に過ぎない。これは日本の厳しい入国規制に関係がある。

日本が中国人観光客を受け入れ始めたのは9年前の二〇〇〇年のことだ。最初は北京、上海、広東省など地域限定の団体旅行を受け入れ、その後、逐次、全国に拡大していった。二〇〇九年七月からようやく個人旅行を解禁したが、対象は年収20万元（約300万円）以上の富裕層に限定されている。

現在、日本は台湾、香港、韓国、豪州など近隣諸国・地域に対しては期間限定のビザなしの入国を認めている。中国も二〇〇五年から日本に対し、2週間限定でビザなしの短期入国を認めている。しかし、日本は中国に対し、ビザなし渡航を認めていない。

仮に日本が中国と同じような措置をとれば、前述した二〇年800万人の数字を軽く上回るだろう。

韓国、台湾、香港の訪日観光客数と比較して考えてみよう。韓国の人口は4800万人、台湾は2300万人、香港は720万人である。二〇〇八年訪日外客数は韓国238万人、台湾139万人、香港55万人で、それぞれ総人口の5%、6%、7・6%を占める。それに対し、中国人の訪日観光客数は100万人、総人口に占める割合はわずか0・075%しかない。二〇年に中国の総人口は14億人を突破し、1人あたりの国民所得水準が今の韓国、台湾に近づく。仮に日本が中国に対し、韓国、台湾と同じような入国政策を取った場合、総人口の1%が訪日すれば、それは1400万人という膨大な数字になる。

1000万人の中国人訪日が実現すれば、どれほどの経済効果がもたらされるだろうか? 著者の試算によれば、2・2兆円の需要と20万人の直接雇用を創出できる。波及効果を考えると、実際の経済効果はもっと大きいと思う。

もちろん、ビザなしならば、観光目的で訪日する中国人が失踪して不法滞在者が増える可能性は確かにある。しかし、心配だけでは問題の解決にはならない。いま必要なのは、国・

地方自治体、民間企業という三位一体の協力体制および「第二の開国」という変革の意識の共有である。政府は決断すれば、対応策はいくらでも打ち出せるはずだと思われる。当然、そのための予算増額、警察を含む担当者増員も必要である。

観光立国戦略なら鄧小平氏に習え！

観光立国戦略といえば、中国の経験が日本の参考になる。一九七八年、鄧小平氏は中国の観光振興策に力を入れようと呼びかけ、二〇〇〇年に1000万人の海外観光客を誘致するという目標を打ち出した。一九七八年の訪中観光客数はわずか71万人しかないという現実を考えれば、スケールが大きい戦略目標と言わざるを得ない。

鄧小平氏の大号令の下で、中央と地方が力を合わせて観光振興事業に取り組んだ結果、わずか10年間で1000万人計画を実現できた。一九八七年、訪中観光客数は1076万人にのぼった。その後も海外からの観光客が急増を続け、一九九四年に2000万人突破、二〇〇〇年に3000万人突破、二〇〇四年に4000万人突破、二〇〇七年には5000万人を突破し、5472万人に達したのである。観光立国戦略策定の一九七八年に比べれば、77

倍増という驚異的な数字だった。もし鄧小平氏がまだ生きていたら、彼自身も驚くだろう。いま日本に欠けているのは、まさに鄧小平氏のような改革・開放の決意と迫力である。

やめてほしい中国人も分からない中国語表示

外国人観光客を誘致するため、いま日本の地方自治体も民間企業も奮闘・努力しており、サービスの改善に注力している。例えば、空港、駅、デパートなど公共の場所の標識の外国語表示である。

しかし、正しい外国語でなければ、外国語表示の意味がない。

一つの実例を挙げよう。京王電鉄では京王線電車内の液晶電子掲示板で日本語のほか、英語、中国語、韓国語でも到着駅の名前を表示している。これは外国人にとっては、非常に便利だ。

ところが、中国人でさえ意味がわからない中国語表示の駅名がある。京王線のつつじヶ丘駅だ。「つつじヶ丘」を「躑躅丘」と中国語で表示している。これは明らかに誤訳・誤表示である。つつじは花の名前で、正しい表示は「杜鵑丘」だ。

そこで私は観光立国推進戦略会議ワーキンググループ会議で、「正しい外国語でなければ、外国語表示の意味がない」という問題提起を行った。戦略会議の事務局の担当者は、私の指摘を受け、さっそく京王電鉄と連絡を取り、私の意見および正しい中国語訳を伝えた。その後、京王線電車内の電子掲示板の駅名の中国語表示が直された。

それは一つの実例だが、正しい外国語ではない表示は決して京王線だけとは思わない。ほかのところもあるはずと思うが、ぜひ改善してほしい。

中国新人類「80后」（バーリンホー）とは？

東京の銀座辺りのデパートでは、観光目的で訪日する中国人の買い物客で賑わう場面がしばしば目に入ることがある。そんな時、銀聯《ぎんれん》カードという中国のクレジットカードを使用することを躊躇せず日本のブランド商品を購入する20代の若者たちの姿が目立つ。

20代の若者は中国では「80后」（バーリンホー）と呼ばれる。つまり一九八〇年以降に生まれた人たちのことである。私の勤務先多摩大学の沈才彬ゼミには三人の中国人留学生がいるが、三人とも「80后」である。

ちなみに、一九七〇年以降に生まれる人たちが「70后」（チーリンホー）と呼ばれ、一九九〇年以降に生まれる人たちが「90后」（ジューリンホー）と呼ばれる。

二〇〇九年現在、「80后」の人口数は2億人以上であり、日本の総人口の2倍弱に相当する。彼らの消費力が増えることに伴い、今後の中国の消費動向を左右し、巨大市場を支えるメインの世代になることは明白である。

では「80后」の若者たちはいったいどんな特徴を持ち、また、どんな消費パターンを持つだろうか。

まず、「80后」たちは改革・開放後に生まれ、高度成長とともに育ってきたこと。そのため、彼らは何の苦労もせずに経済成長の恩恵を享受しており、金銭感覚も開放的である。

第二に、教育レベルが高く、それまでの世代に比べれば、大学学歴者の比率が非常に高い。多くの「80后」は外国留学経験があり、或いは海外渡航歴がある。従って、それまでの世代に比べ、「80后」はグローバル時代に馴染みやすく、国際的視野に富む。

また、「80后」は大学に進学する前に、インターネットがすでに普及しているため、ある意味ではネットに依存して生きている世代ともいえる。イデオロギーにとらわれず、観念ではなく、自由な発想を持ち、ネット空間では過激な発言も控えず時々世間を騒がせる。

第三に、「80后」は「一人っ子政策」の産物である。「小皇帝」として、親に寵愛されて育った結果、「80后」の多くは「甘える子」の特徴を持つ。プレッシャーに弱く、自立心と忍耐力に欠ける。

第四に、結婚適齢期を迎える「80后」は今、大衆消費時代の主役となっている。彼らの好みは、中国の消費市場のみならず日本を含む各国の消費動向も大きく左右する。

「家族連結型消費」を特徴とする「月光族」「日光族」

中国ではいま、「80后」の若い消費者を対象に「月光族」「日光族」という呼び名を付けることが流行っている。これらの呼び名の由来がなかなかおもしろい。

「月光族」とは、毎月の給料をその月のうちに使い切ってしまう若者たちのことを表現した呼び名だ。

将来のための貯蓄もせず、毎月の給料をその月にきれいさっぱり使い切れる消費者が出てきたことは、大きな変化といっていいだろう。消費社会にどっぷりと飲み込まれてしまったという見方もできるが、一方で将来にわたって安定した職業と収入が得られるという安心感があるからこその消費行動だと受け取ることもできる。

対して「日光族」は、1ヵ月の収入を30日に等分し、1日分の収入を使い切ってしまう若い消費者たちのことを指す。

中国では一人っ子政策が導入されている。そのため都市部の家庭ではほとんどが一人っ子だ。子どもが一人であれば、両親もその子どもだけにお金をかけることができる。仮に「月光族」や「日光族」が給料を早めに使い切ってしまったとしても、彼らの両親には不足分を負担してあげることができるぐらいの経済的余裕があるのだ。つまり「月光族」や「日光族」が増加する背景には、「家族」の存在が大きい。食事からローン返済まで家計が実家と緊密に連結しており、「80后」の可処分所得は意外に多い。「80后」の消費力は家族の「連結決算」で見ないと、実像が浮かび上がらない。

中国では消費することを楽しめる中間層や富裕層が急増してきており、中国の消費市場は飛躍的に成長し始めている。「月光族」や「日光族」の存在がまさしく、こうした消費市場の形成を象徴する存在だといっていいだろう。

要するに、「80后」は中国の消費市場の中心を担う世代となっており、日本企業は彼らの動向を無視することができない。中国市場を制するためには、まず「80后」を理解する必要がある。また、数多くの「80后」の若者たちが訪日すれば、国民レベルの日中交流が促進され、中国国民の日本に対する理解も深まるだろう。

「普通の巨人」中国、「ブランドの巨人」日本

中国市場を攻めていくために、日本企業はしっかりとした戦略を持たなければならない。私の表現でいえば、それは「揚長避短《ようちょうひたん》」の戦略だ。

「揚長避短」は自分の長所を生かして自分の弱点を回避するという意味の中国の四字熟語だ。いま日本企業が求められているのは、まさにこの「揚長避短」戦略である。

では、日本企業の長所、強みは何だろうか。それは優れた技術力と優れたブランド力にある。日本企業の短所、弱点が何かというと、コスト高および人口減少に伴う市場の縮小、人材不足だ。

現在、世界に知られる日本のブランドが多い。例えば、トヨタ、ホンダ、ソニー、東芝、パナソニック、シャープ、キャノンなど、世界の人々はこうした日本のブランド名に馴染んでいる。日本は「ブランドの巨人」といっても決して過言ではない。

一方、中国は「世界の工場」として知られているが、世界に知られる中国のブランドは意外に少ない。例えば、「華為」である。一九八八年に資本金4000ドル弱で設立した華為(Huawei)技術有限公司は、二〇〇八年の営業利益は180億ドルにのぼり、中国の通信機器製造最大手に成長してきた。最近、この華為はアメリカの「ビジネスウィーク」誌に世界で最も影響力がある企業ベスト10に選ばれ、アップル、ウォールマート、トヨタ、グーグルなど世界トップクラスの企業と名を並べている。しかし、華為はまだ上場しておらず、会社に関する情報が乏しく、世界ビジネス界では華為を知る人が少ない。世界に知られる有名ブランドとは言えない。

世界に知られる「世界の工場」。世界にあまり知られない中国のブランド。このギャップはあまりにも大きい。アメリカ「ニューズウィーク」誌二〇〇九年七月二十七日号の記事はこうした中国の現実を「普通の巨人」と表現している。

日中間のブランドの歴然の差がまさに日本企業の強みを反映している。確かに、二〇一〇年に中国のGDPは日本を上回る。とはいえ、一人あたりGDPで見ると、まだ日本の10分の1に過ぎない。日本はGDP規模だけで悲観する理由が見当たらない。自分の持ち前の強みを発揮すれば、つまり優れた技術力とブランド力を活かせば、日本企業は生き残れる。

自分の強みを生かすためには、付加価値が高い新しい製品、新しい素材、新しい技術の創出に注力すべきである。つまり、ブランド力と技術力を生かして、高付加価値製品を作らなければならないのだ。コスト高、人口減少に伴う市場縮小と人材不足などという自分の弱点を回避するためには、中国の企業、アジアの企業との分業体制の構築もきわめて大切である。これが日本にとっての「揚長避短」であり、日本が将来世界で生き残るための戦略になる。

終章　いまこそ日本に必要な「親米睦中」の外交戦略

「太子党首相」続出の自民党が自壊した

二〇〇九年八月三〇日、衆議院選挙は自民党の惨敗、民主党の圧勝をもって幕を閉じた。九月十六日、民主党中心の鳩山政権が誕生し、自民党一党支配の歴史にピリオドが打たれることになった。

この選挙の結果は民主党の勝利というよりも、むしろ自民党の自壊というほうが適切だろう。

二〇〇六年、当時の小泉首相は郵政民営化という改革の旗印を掲げ、衆議院の解散に踏み切り、郵政民営化賛成か反対かという一点に絞って選挙に突入した。「小泉旋風」の下で、小泉チルドレンたちが大量当選し、結果的には自民単独で三分の二以上の議席を獲得して大勝を収めた。しかし、一年後、郵政民営化改革が中途半端のまま、「変人」小泉さんは自民党総裁を続投せず、さっさと首相のポストから退いた。国民から見れば、背信行為にほかならない。

その後、衆院選挙という国民の審判を経ず、安倍、福田、麻生ら三代の自民党首相が相次いで誕生する。

面白いことに、三人とも元首相の息子または孫であり、日本史上初の三代連続の「世襲首相」となった。独裁国家は別にして、民主主義国家の中では「世襲首相」の三代連続は日本以外に前例がなく、「世襲国家」のイメージは広がる。なぜ三代連続の「世襲首相」なのか？なぜ今の日本には田中角栄、村山富市のような庶民宰相がなかなか出てこないのか。外国では日本の自民党はリーダー格の人材が枯渇していると、一般的に受け止めている。

政治家二世、三世の人たちは中国では「太子党」と呼ばれる。共産党一党支配の中国だが、「太子党」への国民の目線は意外に厳しい。自分の努力によるものではなく、親の威光を借りて出世する「太子党」は庶民感覚が乏しいからだ。これまで中国には「太子党国家主席」や「太子党首相」はまだ一人も生まれていない。最高実力者だった鄧小平の長男鄧樸方は、長年、中国障害者連合会の会長を務めているが、中国共産党中央委員会委員の選挙で何回も落選を余儀なくされた。鄧小平と名を並べるもう一人の長老・陳雲氏。彼の長男・陳元さんは、面識はないが私の社会科学院大学院時代の同期だった。彼も北京市党委員会の選挙で落選していた。

陳元さんに関する「選挙恐怖症」のエピソードがある。一九九八年国家開発銀行行長（頭取）に就任してからずっとこのポストにとどまっているが、実は栄転のチャンスが何回もあった。その際、陳元さんは必ず組織部門の責任者に、異動先に選挙があるかどうかを確認する。選挙があれば辞退するという。まさに「選挙恐怖症」そのものだ。

実際、日本においても地盤、看板、カバンという「三バン」を持つ「太子党議員」、特に「太子党首相」への国民の目線が厳しい。安倍内閣と福田内閣の国民支持率が低く、二人とも約一年で辞任し、政権を投げ出した。麻生前首相は政権の投げ出しはしなかったものの、国民支持率はずっと低空飛行が続き、厳しい政権運営が強いられ続けていた。さらに、安倍内閣と麻生内閣の時、閣僚のスキャンダルは後を絶たず、国民の失望感が広がっていた。

加えて五年半にわたる小泉改革は、国民が痛みを伴うが、恩恵をあまり受けない結果となった。格差が広がり、地方と中小企業が疲弊している。国民は長期間にわたる自民党一党支配に飽き、不信・不満が頂点に達する。この不信・不満が爆発した結果、自民党は二〇〇七年参院選挙の惨敗と二〇〇九年衆院選挙の歴史的大敗を喫し、政権を余儀なく民主党に渡さざるを得なくなった。これは有権者の選択であり、日本にも「変化」の時が訪れた。民主党が唱える政権交代がついに実現できた。歴史的な出来事だと思う。

中国の執行部と太いパイプを持つ鳩山政権

それでは鳩山内閣の誕生で日中関係はどう変わるだろうか？

次の三つの理由で、中国政府もマスコミも鳩山政権の誕生を評価する向きがあり、日中関係の改善に対する期待感が高まっている。

一つ目の理由は、鳩山首相をはじめ内閣の主要メンバーが中国執行部との間に太いパイプを持つ、いわゆる「知中派内閣」だということにある。

まず鳩山首相と中国の深い関係を見よう。鳩山首相の祖父は鳩山一郎元首相である。一九五四年鳩山一郎が首相に就任すると、彼の前任である吉田茂の「アメリカ一辺倒」外交政策を見直し、ソ連との国交を樹立する一方、中国との民間貿易協定も締結する。中国には「水を飲むとき、井戸を掘った人を忘れるな」ということわざがあるが、鳩山首相の祖父はまさに日中友好事業の「井戸を掘った」一人である。

鳩山首相の父親は福田赳夫内閣の外相を務めた鳩山威一郎だ。この方も「日中平和友好条約」の締結に貢献した人物であり、日中友好事業の功労者と言われる。

鳩山首相本人がぶれない日中友好論者である。鳩山氏はこれまで3回も民主党代表を務めたことがあるが、1回目と2回目は代表就任後の最初の外遊先がいずれも中国だった。胡錦濤国家主席をはじめとする中国執行部との間に緊密な関係を保っている。二〇〇九年九月、鳩山氏は国連総会やG20主要国金融サミットなど出席のため、最初の外遊先をアメリカと選んだが、最初の首脳会談の相手は胡錦濤国家主席だった。中国重視の外交姿勢とみられる。

鳩山内閣の副総理兼国家戦略担当大臣・菅直人は一九八四年、日本青年3000人訪中団の一員として中国を初めて訪問し、当時の胡耀邦総書記との面談にも同席した人である。菅氏は帰国後、日中の若者同士の交流を促進するため、母校である東京工業大学の中国留学生との交流懇親会を年に1回に開催している。二〇〇九年は23回目の開催となる。また、二〇〇三年三月、当時、民主党代表を務めていた菅氏は、民主党訪中団を率いて中国を訪問し、胡錦濤国家主席との会談も実現している。

外相を務める岡田克也も親子二代ともに中国とのなじみが深い。父親の岡田卓也・イオン名誉会長が二〇〇九年五月、中国での植林活動などが評価され、北京市政府から名誉市民賞を授与された。岡田氏本人はもともと中国との交流を重要視してきた人であり、中国指導部で次期首相候補の李克強副首相との関係が深く、長年の親交があるという。本人の言葉を借りれば、李克強氏とは「長く付き合っているので、お互いかなり気心は知れている」という古い友人関係である。

そもそも幹事長の小沢一郎氏が中国との関係が深い。日中両国には、官民一体の交流プロジェクト「長城計画」があり、これは一九八九年当時の竹下首相が訪中したときに中国指導部に提案したものである。この「長城計画」のキーパーソンはまさに当時自民党幹事長を務めた小沢氏である。小沢氏は自民党離党後も「長城計画」を続け、ほとんど毎年「長城計画」友好交流訪問団を連れて訪中し、胡錦濤主席など中国指導部との関係を深めている。

小沢氏は中国の次世代リーダーたちとも太いパイプを保っている。現在、筆頭副首相を務めている李克強氏。共産主義青年団出身の彼には日本での研修経験があり、小沢氏の岩手県の実家にホームステイしたこともある。二〇〇六年に訪中した小沢氏は、わざわざ遼寧省へ行って、当時遼寧省書記を務めていた李氏に会いにいっている。

要するに、鳩山政権の主要閣僚も与党民主党の執行部幹部も中国とのなじみが深く、パイプが太い。「知中派内閣」とみなされる鳩山政権の下では、日中関係の改善が期待されるのも当然のことである。

中国側に期待される二番目の理由は、鳩山政権の「ハト派」カラーにある。鳩山首相は日本国内の根強い「中国脅威論」に対し、一貫して否定的な立場を取る。日中間の懸案である靖国問題についても、鳩山氏は「自分は靖国神社を参拝しない。ほかの閣僚にも自粛を要請する」と明言している。鳩山内閣の下で、靖国問題が再燃して日中関係を悪化させる可能性がほとんどないと見ていい。

三番目の理由は、鳩山政権は「アメリカ一辺倒」の小泉政権と違い、「アジア重視」の基本理念を明確に打ち出している。アメリカと中国という二大国に挟まれる日本は、アジア、特に中国とアメリカのバランスを取ることによって、日中間の不必要な軋轢を減らすことになるだろう。

とはいえ、過剰期待は禁物だ。鳩山政権の下で、日中関係の改善はある程度期待されるが、日米同盟のような信頼関係の構築までには至らないだろう。領土問題、東シナ海ガス田開発問題など日中間の懸案事項がまだ多数残っており、抜本的な関係改善には長い歳月がかかる。中国側は日本の世論と国民感情を無視して鳩山政権に過分な注文をするようなことを絶対に避けるべきと思う。

鳩山政権の経験不足をどう補うか？

実は、第93代目の内閣総理大臣に就任した鳩山由紀夫も「太子党首相」だ。日本の「太子党首相」の連続代数は「4」に更新される。この数字は君主制国家を除けば、独裁国家でも民主国家でもあまり前例がないことだ。

「太子党首相」といえば、「プレッシャーに弱い」というイメージが一般的である。安倍、福田両元首相はいずれもプレッシャーに負け、任期途中で政権を投げ出してしまった。三人目の麻生氏もわずか一年で政権崩壊になってしまった。いずれも「短命政権」だった。

鳩山氏は「太子党首相」のマイナス・イメージをどう払拭するか、また払拭できるかどうかが世界にも注目される。失敗すれば、鳩山氏も三人の前任者と同じように「短命政権」で終わってしまう。

鳩山首相にとっては、いま直面する課題が山積しており、総理大臣の道は決して平坦なものではない。最大の課題はやはり政権担当能力の問題と思われる。

一九九六年旧民主党発足以来、これまでずっと野党のままやってきた。政権担当の経験が一度もなかった。民主党の政権担当能力が本当にあるかどうか。国民はいま期待と不安の両方を持っている。

衆院選挙で自民党に勝ち、政権与党となった途端、民主党は批判する側から批判される側に変わった。野党に転落した自民党だけでなく、国民もマスコミも民主党政権の一挙手一投足を厳しくチェックするだろう。

経験不足。これが初めて政権を取った政党にとっては、万国共通の弱点である。この弱点をいかに乗り越えるかが、鳩山内閣が安定的な政権運営ができるかどうかのカギを握っている。この点については、中国胡錦濤政権の経験が鳩山政権の参考になるのではないかと思う。

二〇〇二年十一月、胡錦濤氏は第15回共産党全国代表大会で総書記に選出された。同時に選出された中央政治局常務委員9人が、胡氏を除いて全員新人だった。中央政治局常務委員は中国の中央執行部であり、国家主席、副主席、首相、全人大委員長（衆院議長に相当）、全国政治協商会議主席（参院議長に相当）など要職はすべて、政治局常務委員が担任する。それまでは江沢民氏、李鵬氏、朱鎔基氏、李瑞環氏といった経験も豊かな政治家たちが常務委員を務めていたが、彼らは年齢の関係からすべて退任してしまった。代わりに新しい8人が常務委員になったのだが、経験不足は明らかだった。

そこで、中央執行部メンバーの経験不足をどう補うか。胡錦濤総書記が熟慮した結果、「知的武装」という案が浮かんできた。つまり、政治局委員たちをメンバーとする政治局勉強会の定期開催だ。これまで政治局会議は定期的に開催するが、政治局勉強会の定期開催はなかった。ある意味では胡錦濤総書記の政治分野におけるイノベーションといっていいだろう。

勉強会は、年間8～10回のペースで開かれている。第1回目の勉強会は総書記就任直後の二〇〇二年十二月に開かれ、二〇〇七年九月までの5年間に合計44回の勉強会があった。

勉強会では、中国が直面する最重要課題が毎回テーマとして選ばれるのだが、傾向としては、①中国政治・経済の緊急課題、②長期戦略ビジョンに関わる問題、③国際情勢と世界の最新動向といった三つの分野について講義が行われる。

1回の勉強会では、通常2人の講師が講義を行う。講師は、講演テーマとなる分野での第一人者が務める。5年間で、合計89人の学者たちが講師を務めている。私の複数の知人や大学院同窓生も、この勉強会の講師を務めたことがある。

いい参考になる胡錦濤政権の「知的武装」とは？

一国の中央執行部の人間が、毎月こうした勉強会に参加し、知識を高める努力を続けているというのは、世界的に見ても前例がないといっていいのではないだろうか。胡錦濤総書記は、第1回目の勉強会の席上でこう話している。

「現代社会において、各分野での発展は日進月歩である。また、人民大衆の創造は多様で多彩だ。人類社会が創造した豊富な知識を吸収し自分たちを充実させていかなければ、各レベルの幹部たちは必ず落伍し、課された重責に応えることができない。自らの職責に値する指導者や管理者になるためには、勉強に力を入れなければならないことを理解すべきである」

中央政治局委員は中国全体を管理するリーダーたちである。そうであればなおさらのこと知識が必要だ。こうした胡錦濤総書記の考えから、勉強は続けられている。中国国内だけの知識だけでは十分でなく、外国の先進的な理念も取り入れる必要がある。胡錦濤政権の強みはこうしたことを理解していることである。外国のものであれ、良いものは積極的に取り入れる。こうした「知的武装」を行うことで自分たちの弱点を補うことに成功している。

関係者から勉強会が行われるまでのプロセスを聞くことができた。彼の話によると、講義の1〜2カ月前に党の中央執行部の事務局から連絡があり、講演のテーマを告げられ、講師としての参加を通知されるという。その知らせを受けると、講師の所属機関が総動員をかけて資料収集を行い、講師は講演のための原稿を作成する。

作成した原稿は中央執行部事務局によって徹底的に事前審査される。仮に問題点があれば指摘され、修正すべきところを指示されるのだ。このようなやり取りがあって、原稿を何度も訂正し、最終的に中央執行部事務局の承認を受けるのだという。

講義当日、二人の講師にはそれぞれ40分の講義時間が与えられる。その際には、承認を受けた原稿を棒読みしなくてはならない。この40分間はいささか退屈なのだが、講義後に行われる30分の質疑応答の際は、質問に対して自由に答えることができる。

こうしたプロセスで講義と質疑応答が終了すると、胡錦濤総書記が総括発言を行い、勉強会のテーマに関して重要な指示を出すことになる。

二〇〇二年十二月から二〇〇七年九月までの合計44回の政治局勉強会でテーマとなった内容を見れば、中国執行部がその時どきで何を重要と考えていたのかを窺い知ることができるといっていいだろう。

たとえば二〇〇七年八月二八日に開かれた第43回目の勉強会では、国務院直轄のシンクタンクである国務院発展センターの教授、銀行業監督管理委員会のシニアアナリストが講師として招かれ、「世界金融情勢とわが国の金融改革」というテーマで講義を行っている。

この時期に金融をテーマに選んだのは、アメリカのサブプライムローン問題が発端となってアメリカ発の世界同時株安が起きたからである。

このところ、金融リスクが世界的に増大している。もしアメリカで金融危機が起きれば、中国の不動産や株式にも大きな影響を与え、バブルが崩壊する可能性が一層高まる。中国としては、そうなる前に対応策を考える必要がある。そこで、この勉強会では、リスクをどのように回避するべきかということや、金融改革をどのように推進していくべきかが議論されたという。勉強会の締めくくりとして、胡錦濤氏は、一人ひとりが危機感を持つことが大切だとし、「居安思危」(平時に有事を念頭に危機対策を徹底する意味)の意識が必要だと主張した。また同時に、国内の金融・資本市場の改革を加速させるよう指示を出したという。

その後の一年余り、中国銀行業監督委員会は中国の銀行を対象に6回にわたって、アメリカのサブプライムローン問題に関する金融リスクの注意報を出していた。中国の金融機関がアメリカ発の金融危機の影響を最小限に抑えることに成功できたのは、この政治局勉強会の開催および中央執行部の強い危機意識と迅速な危機対策に負うところが大きい。

また、二〇〇七年四月二十三日の第41回目の勉強会では、「わが国の農業規準化と食品安全問題」についての講義が行われた。講師は農業大学の教授と農業科学研究院の教授だった。こうしたテーマで勉強会が開催された背景には、中国食品の安全性に関する問題が国際的に注目を浴び、中国食品に対して懸念が広がっているからである。抜本的な対策を取らなければ、中国食品だけでなく、ほかの中国製品に対する信用も失われる。そして国全体のイメージさえも大きく傷つくことにつながるだろう。こうした危機感があったために農業や食品に関するテーマが選ばれたのだ。

二〇〇三年十一月二十四日の勉強会で取り上げられたテーマにも、中国がいま何を考えているかがよく反映されている。その日のテーマは「15世紀以後、世界主要国の台頭に関する歴史の考察」というもの。中国脅威論が日米欧を中心とした世界各国から強まり、こうしたテーマが選ばれた。

これまでの歴史上、その時どきの強国はどのように台頭し、どういった国家を形成していったのか。また、それらの国々が興亡を繰り広げるなかでどのような教訓があったのかなど、専門家からの講義を聞いた。

この勉強会では、世界各国からの中国脅威論を緩和させるためにも、第2次世界大戦時の日本やドイツのような武力による台頭は絶対に避け、平和的な台頭を目指すべきだといった議論がなされた。事実、平和的な台頭はすでに中国の国策になっている。

そのほか、知的財産権の問題やエネルギー問題など、時局によって最重要とされるテーマが選ばれてきた。

胡錦濤総書記を中心に、執行部幹部の一人ひとりが危機意識をもって勉強し、政権運営を行ってきた。一期目の5年間、胡錦濤政権は安定的に政権運営ができたのは、ここで紹介した政治局勉強会の影響が大きいといえるだろう。二期目に入った胡錦濤政権は今も政治局勉強会を定期的に開催し、「知的武装」を続けている。

一国の政府首脳であろうと、一民間企業のトップであろうと、共通の課題は安定的な組織運営ができるかどうかにあり、その統治能力と危機管理能力が常に問われている。日本では、危機意識と危機管理能力の低下が問題となっている。自分の政権運営能力を高めるために、鳩山首相は胡錦濤政権の「知的武装」に学ぶところは多いのではないだろうか。

長期政権を目指すなら確かな成長戦略を！

経済成長の前提条件は政治の安定である。一方、経済成長も政治を安定させる役割を果たす。政治と経済は密接不可分の関係にあることは、政治経済学の常識である。

中国では高度成長が30年以上続いているが、それは鄧小平氏が改革・開放政策を導入し、政治を安定させ、経済成長を最優先した結果である。

中国の政治安定と経済成長の関係につき、アメリカのヘンリー・キッシンジャー元国務長官に関する一つのエピソードを紹介する。

一九九二年、中国が社会主義市場経済の導入を決定する際において、実はキッシンジャー博士も一役買っていたのだ。同年四月二十日、中国では国家経済体制改革委員会主催による経済体制転換国際シンポジウムが開催された。シンポジウムの開催にあたり、中国政府の要請に応え、キッシンジャー博士は「経済発展と政治の安定」というタイトルの論文を寄稿した。

その論文のなかで、キッシンジャー博士は次の三つの点を強調した。

一つは、「経済はもともと混合したもの」という指摘だった。現実の経済は、純粋な市場制度と純粋な計画経済というういずれか両極端のパターンのなかだけで動いているわけではない。たとえば最も開放的な市場といわれるアメリカの市場経済でさえ、石油や天然ガス、通信などの重要な部分において、政府は依然として重要な権限を握っている。まずは、このような指摘があった。

もう一つは、「各国にはそれぞれの国情・文化・歴史的な背景があり、一つの改革案がある国でうまくいったとしても他の国では必ずしも通用しないことがある」という指摘だった。その理由としてキッシンジャー博士は、「同じ国は二つ存在しないからである」と述べている。

三つ目は、「改革の成功は政治の安定と大きく関わっている」という主張だった。さらに、「経済発展を達成するには政治の安定が必要不可欠である」とも述べている。

当時の国家経済体制改革委員会のトップだった陳錦華氏は、早速この論文を江沢民総書記と李鵬首相に送付し、一読してほしいと伝えた。中国執行部はこの論文を十分に参考にし、92年秋の共産党全国代表大会において社会主義市場経済の導入を決定したのだ。

一九九二〜二〇〇八年の17年間、中国の年平均成長率は世界最大の10・4%にのぼり、これは江沢民、胡錦濤両長期政権の下で実現できたものである。政治の安定は経済成長を促進した一方、経済成長も政治の安定をもたらしている。両者の密接な関係が改めて裏付けられた格好となる。

歴史的に見れば、日本の経済成長期もほとんど長期政権と重なる。戦後復興は吉田内閣（1948―54）、鳩山内閣（1954―56）両内閣の下で実現でき、高度成長は岸内閣（1957―60）、池田内閣（1960―64）、佐藤内閣（1964―72）の下で実現できたものである。80年代の安定成長期は中曽根内閣（1982―87）と時期的には重なっており、「戦後最長」と言われる景気拡大期（2002―07）も小泉内閣（2001―06）の長期政権とダブっている。翻っていえば、経済成長は長期政権を支える最重要の要素と言っても言い過ぎではないだろう。

一方、短期政権では経済成長が望めないことも疑えぬ事実だ。一九八八年から二〇〇一年までの13年間、日本では竹下登、宇野宗佑、海部俊樹、宮沢喜一、細川護熙、羽田孜、村山富市、橋本龍太郎、小渕恵三、森喜朗など10人の総理大臣が登場したが、「首相量産」の結果、政治は常に不安定な状態にあり、経済もバブル崩壊によって「失われた10年」となった。

日本経済を持ち直すために、国民は政治の安定を望んでいる。この意味では鳩山内閣がぜひ長期政権になってほしい。

しかし、鳩山内閣は本気で長期政権を目指すなら、確かな成長戦略を描き、それを実現しなければならない。池田内閣の「国民所得倍増計画」のような、国民に希望を与える戦略的計画をぜひ提示してほしい。さもなければ、また国民に見捨てられ「短命政権」で終わってしまうだろう。

長期政権になるか、それとも短命政権になるか。結局、経済成長が実現できるかどうかが鳩山政権の命運を握るだろう。

「親米睦中」を日本の外交戦略の基軸に

最後に、もう一つ提言がある。長期的に見れば、中国の台頭は時代の流れであり、誰にも止めることができない。前にも述べたように、たとえ中国の経済成長が挫折したとしても、それは一時的な沈没にとどまる可能性が高い。間もなく中国は日本を凌ぎ、世界第二位の経済大国になるのはほぼ確実だ。二〇三五年前後にアメリカを追い抜き、世界最大のスーパーパワーになることも多くの国際機関から予測が出ている。隣国である日本は今後、台頭する中国にどう向き合っていくかを考えていかなければならない。

日中関係に新しい時代が訪れたと意識を転換する必要がある。

一九七二年の日中国交樹立以降、80年代までは日中友好の時代だった。ところが90年代になると、日本の対中ODAに象徴されるように日中協力の時代に入った。21世紀に入ると日中関係はさらに変容し、モノ・ヒト・カネが一方通行から双方向に交流する「日中融合」の時代に変わっていったといえる。

現在の日中経済は、互いに深くビルトインされ、相互依存・相互補完の関係が定着している。離れようとしても離れることができない融合関係となっているといってもいいだろう。日中両国は単純なライバルでもなければ単純なパートナーでもない。今後は競争と協力の両方を行いながら「競存」する関係になっていくはずだ。

とはいえ、日本側には留意しなければならない点がある。それは、日中間の相互依存・相互補完における力関係が、このところ微妙に変化してきているということである。

一九九四年〜二〇〇八年の14年間で、日本の輸出の対中国（香港を除く）依存度は4・7％から16％へと3・4倍近くに拡大した。さらに、日本のGDPの対中依存度は0・4％から2・6％へと6倍以上に拡大している。今後、中国の巨大市場に対する日本経済の依存度は益々拡大していくことは間違いない。

反対に、中国経済の日本依存度は年々低下している。過去14年間の輸出の対日依存度は

17・8％から8・1％へと大きく縮小した。それから、中国のGDPの対日依存度は3・9％から2・7％へと縮小している。

こうした推移をみれば、日本が中国により依存していく傾向を強めていることがわかるはずだ。日本は日中間の力関係の変化に留意する必要がある。

私はかねてから、日本には「親米睦中」の外交戦略が必要だと唱えてきた。確かに日米同盟は重要だ。日本がアメリカとの同盟関係を重視することは、多分中国も韓国もASEAN諸国も異論がないだろう。しかし、日米同盟だけでは物足りない。アジア重視、特に台頭する中国と仲良く付き合っていくことも大切だ。日本は、小泉政権時代の「アメリカ一辺倒外交」が大いに国益を損ねた教訓を忘れてはいけない。米中二大国に挟まれる日本は、「親米睦中」を外交政策の基軸にすることこそ自分自身の国益にかなうと、はっきり認識しなければならない。

小泉政権の時代には、日中にはお互いに歪んだナショナリズムが横行していた。日本は現職首相の6年連続の靖国神社参拝、中国は大規模な反日デモ。衛藤瀋吉・元亜細亜大学学長（故人）はそれを「青春期のナショナリズム」もしくは「思春期のナショナリズム」と表現している。情熱はあるが、相手の立場を考える余裕がなかったということだ。これから目指すべきナショナリズムは、「成熟したナショナリズム」「壮年期のナショナリズム」である。相手のことを考えて行動するという「健全なナショナリズム」を目指すには、政府間だけでなく民間の努力も必要となってくる。

最近、中国人の日本に対する好感度は急速に上がっている。その背景には、確かに日中関係の改善があるが、日本スポーツ選手の善意的かつ品格ある行動が中国人に良いイメージを与えたことも大きい。

二つの実例を申し上げる。一つは二〇〇七年九月十七日、杭州で行われた女子サッカーワールド・カップ予選の日本対ドイツの試合で、日本チームが中国人観衆からブーイングを受けて負けたにもかかわらず、試合終了後、日本人選手たちは「ＡＲＩＧＡＴＯ　謝謝　ＣＨＩＮＡ」という横断幕を掲げ、観衆席に一礼した。日本人選手の行動は中国人観衆に衝撃を与え、嵐のような拍手と喝采を受けた。翌日、中国のマスコミは大きく報道し、日本人選手の行動を絶賛した。

二つ目は北京五輪開会式に、日本選手団が日本国旗と中国国旗をもちながら入場した光景はテレビ中継を通じ、多くの中国人に感動を与えた。こうした日本選手の品格ある行動は、中国国民の日本に対する好感度アップに貢献し、日中関係の改善につながるものと思われる。

今後、国民レベルの交流は重層的に拡大し、「日中融合」がますます促進されることを期待したい。

あとがき

本書の出版にあたって、まずは、ご多忙にも関わらず「推薦の言葉」を書いてくださった財団法人日本総合研究所会長、多摩大学学長の寺島実郎氏に厚くお礼を申し上げたい。著者が三井物産戦略研究所勤務時代、寺島氏は私の上司であり、一貫して私を厚く信頼し暖かくご指導・ご支援してくださった。氏は多摩大学の学長に内定されると、さっそく同大学の教壇に立つ機会を私に与えた。まさに「知遇の恩義」である。

本書の企画から上梓まで、アートディズ社長宮島正洋氏に負うところが多い。二〇〇九年四月、同社は「ビジネスVOICE講座」という音声のシリーズを創刊した。このシリーズは経済・ビジネスに関するさまざまな知識やビジネス社会での生き方、スキルなどについて、各ジャンルの専門家がコンパクトに解説する。同年六月末、私はこのシリーズの講師として、東京銀座のスタジオで、『中国経済の新局面～世界を席捲する巨大市場のゆくえ』を演題に講演の収録を行った。収録終了後、宮島氏から「沈先生の講演は明快かつ具体的で、説得力がある。一冊の本にしませんか」というご提案があった。2週間後、宮島氏が出版企画書を送ってくれた。氏の熱意に感動した私は本の執筆を受諾した。執筆段階でも、本の内容に関して宮島氏とは数回にわたって意見交換や議論を重ねた。彼の知的な提案、リアルな思考回路、鋭い問題意識は私の執筆の刺激材料となり、私の見るところ、本書の中身はますます深みと面白みを増していった。宮島氏に心より感謝の意を表したい。

最後に、本の完成に尽力してくださったアートディズ社の沼田有代さんに感謝申し上げたい。

二〇〇九年十月一二日　　東京にて　　沈　才彬

中国経済の真実
―上海万博後の七つの不安―

二〇〇九年十一月二十日　初版第一刷発行

著者　沈　才彬
装丁　山本ミノ
発行者　宮島正洋
発行所　株式会社アートデイズ
〒160-0008　東京都新宿区三栄町17 V四谷ビル
電話（〇三）三三五三―二二九八
FAX（〇三）三三五三―五八八七
http://www.artdays.co.jp
印刷所　図書印刷株式会社

全国書店にて好評発売中!!

ミシェル・オバマ
——愛が生んだ奇跡

D・コルバート 著
井上篤夫 訳・解説

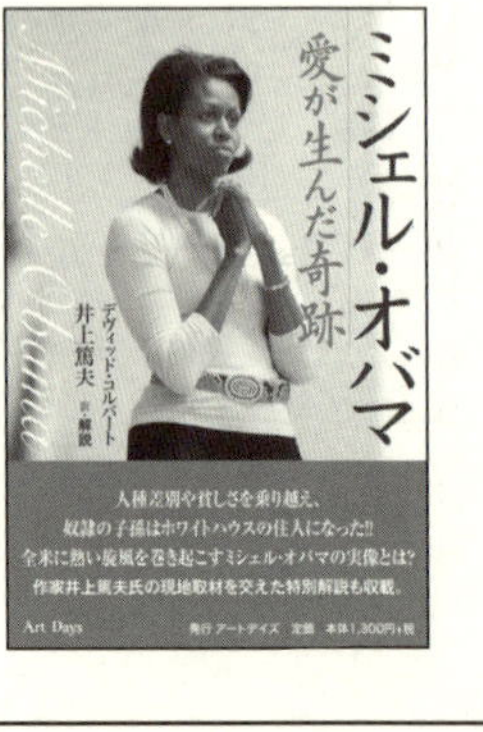

人種差別や貧しさを乗り越え、奴隷の子孫はホワイトハウスの住人になった!!
全米に熱い旋風を巻き起こすミシェルの魅力とパワーの源泉を明かす評伝。

——なぜ、ミシェルに奇跡が起こったのか？ 「親から愛されていることを一瞬たりと疑ったことはない」と言った少女は、大人になり、バラク・オバマと運命的な出会いをする。彼女の半生を辿《たど》ると、愛の力が、様々な困難を乗り越えさせてきたことに気づく。——井上篤夫

定価1365円（税込） 発行 アートデイズ

アメリカ事情に詳しい作家・井上篤夫氏の現地取材を交えた特別解説〔子育て法五カ条など〕も収載